마음을 전달하는 효과적인 방법

설득

초등학생이 꼭 알아야 할 **말하는 교양**

설득하기 좋은 타이밍을 어떻게 알 수 있나요?
한번 거절당한 후엔 설득이 더 쉬워진다고요?

글 김주희 그림 이채원

을파소

차례

프롤로그 06

1장 가족의 마음을 움직이는 설득 시크릿

- 01 설득의 첫걸음은 상대방에게 관심 갖기라고요? 10
- 02 작은 일부터 설득하면 큰일도 쉽게 설득할 수 있다고요? 14
- 03 갖고 싶은 물건의 가격을 말하지 말라고요? 18
- 04 한번 거절당한 후엔 설득이 더 쉬워진다고요? 22
- 05 동의한 후 자신의 의견을 말하라고요? 26
- 06 약속을 자꾸 미루는 사람에겐 어떻게 해야 하나요? 30

1장 가족 설득 테스트 34

2장 친구의 마음과 통하는 설득 시크릿

- 07 친해지고 싶은 친구에게 다가가는 비결이 있나요? ········ 38
- 08 거절을 잘하는 방법도 있나요? ········ 42
- 09 이성 친구에게 호감을 주는 3단계 작전이 있다고요? ········ 46
- 10 친구의 마음을 풀어주는 특효약이 있나요? ········ 50
- 11 틀린 걸 주장하는 친구에게 어떻게 사실을 알려주죠? ········ 53

2장 친구 설득 테스트 ········ 56

3장 대중의 마음을 이끄는 설득 시크릿

- 12 다른 사람 앞에 나서는 두려움을 어떻게 없애죠? ········ 60
- 13 반장이 되는 비법이 바로 소문이라고요? ········ 64
- 14 토론을 잘하는 비법이 있나요? ········ 68
- 15 상대방에게 부탁할 때 지켜야 할 예의가 있다고요? ········ 72
- 16 발표할 때 옷까지 신경 써야 한다고요? ········ 76

3장 대중 설득 테스트 ········ 80

4장 내 마음을 성장시키는 설득 시크릿

17 불만거리를 자랑거리로 바꾸는 비법이 있다고요? ······ 84
18 실수에 더 큰 설득력이 있다고요? ······ 88
19 다른 사람이 자꾸 신경 쓰일 땐 어쩌죠? ······ 92
20 질문에 답하다 보면 스스로 설득된다고요? ······ 96
21 꿈을 이뤄 가는 내 모습을 상상하라고요? ······ 100

4장 내 마음 설득 테스트 ······ 104

5장 진심을 전달하는 설득 시크릿

22 내 이야기를 하려면 상대의 말에 먼저 귀 기울이라고요? ······ 108
23 설득하기 좋은 타이밍을 어떻게 알 수 있나요? ······ 112
24 나와 다른 의견을 받아들이려면 어떻게 해야 하나요? ······ 116
25 진심은 가장 훌륭한 설득의 기술이라고요? ······ 120
26 이야기를 잘할 수 있는 방법이 있나요? ······ 124

5장 진심을 전달하는 설득 테스트 ······ 128

6장 유명인의 설득 시크릿

- 27 간디처럼 말과 행동을 같게 해요 ········· 132
- 28 서희처럼 당당하게 말해요 ············· 136
- 29 마더 테레사처럼 끊임없이 설득해요 ······ 139
- 30 링컨처럼 재치 있게 응수해요 ··········· 143
- 31 소크라테스처럼 스스로 질문하며 겸손해져요 ·· 147

에필로그 ······································ 150

프롤로그

똑똑똑 마음 연구소의
201,124번째 방문자에게

"친구야, 내 부탁 들어줄 거지?"

"너도 내 의견에 동의하지? 그럼 이렇게 하는 거다?"

이런 이야기를 들을 때 마다 아무 말 없이 고개를 끄덕이는 아이가 있었어. 바로 어렸을 때의 나란다. 나는 그런 내 모습이 싫었어. 당당하게 내 입장을 말하고, 내가 하고 싶은 이야기를 맘껏 하고, 내 주장을 당당히 펼칠 때 사람들이 고개를 끄덕여 주길 원했지.

어떻게 하면 내가 원하는 나의 모습이 될 수 있을지 오랫동안 고민했어. 그래서 심리학을 공부하기 시작했고, 주변 사람들을 설득하는 법을 연구했지. 그렇게 공부를 하다 보니 어느새 심리학 박사가 됐단다. 그리고 이제 다른 사람을 설득하는 일을 무서워하지 않게 되었지. 오히려 짜릿한 흥분을 느낀단다. 다른 사람이 나를 설득할 때도 잘 듣고 판단할 수 있게 되었어.

그러다 문득 놀이터에서 함께 이야기를 나누는 어린이들을 보았어. 모여 있는 아이들 가운데 유독 자신 없어 보이는 한 아이가 있었는데, 친구들이 이야기할 때는 그저 듣고 있다가 의견을 물어 보니 쭈뼛쭈뼛하면서 고개를 끄덕이는 거야. 자신의 속마음은 이야기하지 않고 말이지.

마치 어렸을 때 내 모습 같았어. 그래서 그 아이처럼 자신의 마음을 표현하는 법을 모르는 어린이들에게 설득의 비법을 알려주겠다고 다짐했단다.

그 이후 어린이들의 고민을 들어주는 마음 연구소를 세웠지. 어린 시절의 나처럼 누군가를 설득하는 일에 자신이 없는, 누군가에게 너무 쉽게 설득 당하는 어린 친구들을 위해 내가 알아온 모든 것을 알려 주기 위해서 말이야.

자, 이제 네 고민을 들어볼 차롄데…… 그전에 201,124번째 방문자인 네게 다른 친구들의 고민 상담 사례를 먼저 들려줄게. 이 사례들이 너를 설득의 달인으로 만들어 줄 거야.

책을 다 읽은 후에도 고민거리가 남아 있다면 다시 내게 찾아오렴.

그럼 이제부터 이야기를 들으러 출발해 볼까?

똑똑똑 마음 연구소 소장 심박사

1장

가족의 마음을 움직이는 설득 시크릿

이 지피지기면 백전백승

설득의 첫걸음은 상대방에게 관심 갖기라고요?

심박사님, 식사는 하셨나요? 맛있는 것 드셨어요? 심박사님은 드시고 싶은 걸 매일 골라 드실 수 있죠? 불행하게도 전 안 그래요. 우리 가족은 일요일마다 할아버지, 할머니, 엄마, 아빠, 저 이렇게 다섯이서 외식을 하는데요, 한 번도 제가 가고 싶은 곳에 가 보지 못했어요. 저는 친구들이 종종 간다고 자랑하는 패밀리 레스토랑에 가고 싶은데, 다른 식구들이 모두 반대해요. 제가 계속 투덜거렸더니 아빠가 저보고 식구들을 모두 설득해 보라는 거예요. 그런데 그동안 몇 번이나 얘기했지만 성공한 적은 없거든요. 어떻게 해야 가족들을 모두 설득할 수 있을까요?

오호라, 민우는 패밀리 레스토랑에 가고 싶은데 가족들을 어떻게 설득해야 할지 그 방법을 알고 싶은 거구나. 나도 어릴 적 돈가스를 파는 경양식집에 가 보고 싶어 고민했던 적이 있었지. 끈질긴 설득 끝에 온 가족이 모여 돈가스를 먹었던 날의 추억은 아직도 잊을 수 없구나, 허허. 그런데 가족이 모두 함께 외식할 때 메뉴를 결정하는 건 쉽지 않은 일이란다. 특히 민우처럼 할머니, 할아버지와 함께 산다면 더욱 그럴 거야. 가족들이 모두 좋아하는 음식이 다를 수 있거든.

외식을 하는 이유는 꼭 음식을 먹기 위해서만은 아니란다. 가족들끼리 오붓한 시간도 가지고, 색다른 음식도 경험해 보고, 특별한 분위기도 겪어 보는 것이 외식의 목적이라고 할 수 있지. 그렇다면 이 점에서 엄마, 아빠, 할머니, 할아버지 각자의 성격에 따라 패밀리 레스토랑에서 좋아할 만한 것은 무엇인지 먼저 생각을 해 보는 게 어떨까? 자, 그럼 가족이 어떤 성격을 가졌는지 생각해 보자꾸나. 그리고 그 점을 부각시켜 가족을 설득해 보는 거야.

민우 가족의 특성

할아버지: 고집이 강하시고, 새로운 것을 싫어하세요.

할머니: 특별히 가리는 음식은 없으시지만 다리가 불편하세요.

아빠: 분위기를 중요하게 여기시고, 남들에게 보이는 걸 중요하게 생각하세요.

엄마: 알뜰하시고 전형적인 살림꾼이세요.

민우의 가족을 살펴 보니 우선 다리가 불편하신 할머니를 위한 대책을 마련하는 게 좋겠구나. 민우가 가고 싶어 하는 레스토랑은 뷔페식이라

할머니께서 접시를 들고 음식을 가지러 다니시기가 불편하실 거야. 이럴 땐 민우가 직접 나서서 음식을 가져다 드리면 될 것 같아.

두 번째로, 가격을 중요하게 생각하는 엄마에겐 패밀리 레스토랑의 가격이 결코 비싼 게 아니라고 말씀드려야겠지? 다른 식당에서 배부르게 먹는 것과, 패밀리 레스토랑에서 뷔페식으로 먹는 것의 가격 차이를 비교해서 이야기하면 엄마도 수긍하실 거야. 특히 패밀리 레스토랑에는 할인을 받을 수 있는 기회가 많으니 민우가 직접 그 방법을 알아간다면 더욱 좋아하실 것 같구나.

아버지에게는 우리 반 친구들 모두 가 본 곳인데, 민우만 가 보지 못했다고 이야기하는 것도 방법이 될 것 같지? 분위기는 아이들뿐 아니라 어른들에게도 색다르고 좋을 수 있을 거라 생각이 드는데.

자, 그렇다면 이제 할아버지만 설득하면 되겠구나. 할아버지는 어떻게 설득할 수 있을지 민우가 한번 생각해 보는 건 어떨까?

설득 시크릿 | 지피지기면 백전백승

설득을 잘하려면 먼저 상대방이 내 이야기에 귀를 기울이게 해야 해. 상대방이 내 이야기에 귀를 기울이지 않으면 아무리 훌륭한 말을 해도 의미가 없단다. 상대방의 관심을 끌기 위해서는 무엇보다 상대방이 어떤 것에 관심이 있고, 무엇을 좋아하는지를 알고 그 부분에 대해 이야기를 하는 게 중요하지. 그러기 위해서는 설득하려는 상대방에 대해 관심을 가지는 게 첫 번째란다.

미국의 한 쓰레기 처리 회사는 시청과 쓰레기 수거 계약을 맺기 위해 애를 쓰고 있었어. 다른 회사들과 치열한 경쟁을 벌이던 이 회사는 결국 좋은 조건으로 시와 계약을 체결했지. 그 비결은 바로 상대가 원하는 걸 알고 있었기 때문이야. 파도타기가 취미였던 이 회사의 사장은 이 도시의 큰 걱정이 해변이 사라져가는 것이라는 걸 알고 있었거든. 그래서 회사의 트럭으로 쓰레기는 도시 밖으로 치우고 다른 지역의 신선한 모래를 가져와 해변을 채우겠다는 제안을 한 거지.

지피지기면 백전백승! 상대방이 무엇을 원하는지를 알고 그것을 제안하면 설득은 자연스럽게 이루어지는 법이야.

02 문전 걸치기 기법

작은 일부터 설득하면 큰일도 쉽게 설득할 수 있다고요?

심박사님, 제 소원은 강아지를 키우는 거예요. 그런데 저희 부모님이 강아지 사는 걸 절대 허락하지 않으세요. 강아지를 사면 목욕은 누가 시키고, 털 날리는 건 어떻게 하고, 집에 사람 없을 때 짖는 건 또 어떻게 할 거냐며 절대 안 된다고 하세요. 제가 모든 걸 다 하겠다고 약속해 봐도 안 된다고만 하시는데 어떻게 하면 우리 엄마, 아빠를 설득할 수 있을까요?

많은 친구들이 경현이처럼 부모님께 강아지를 사달라고 졸라 본 경험이 있을 거야. 작고 귀여운 강아지와 함께하는 일상은 생각만 해도 웃음이 나지? 하지만 강아지를 돌보는 일은 쉽지 않은 일이란다. 씻고, 먹이고, 훈련시키고, 산책시키는 일이 생각보다 어려운 일이거든. 경현이의 부모님도 무엇보다 이 점을 걱정하고 계시는 걸 거야.

 물론 강아지를 키우기 원하는 사람들은 뭐든 다 할 수 있다고 믿고, 부모님께도 그렇게 약속을 해. 하지만 덜컥 사놓고 그 뒤에 약속을 제대로 안 지키면 그때는 문제가 커지지. 요즘 강아지를 키우다 금세 싫증이 나 버리는 사람들 때문에 수많은 유기견들이 고통받고 있다고 하잖아. 한 생명을 책임지는 일은 쉬운 일이 아니고, 그만큼 막중한 책임감이 필요해. 그러니 부모님 말씀도 일리가 있단다.

 그렇다고 강아지 키우는 걸 포기해야 하느냐고? 방법이 아예 없는 건 아니야. 경현이의 부모님께서는 강아지 키우는 일이 너무 거창하고, 어렵다고 생각하시는 거잖아. 하지만 애완동물이 나쁘다고 생각하진 않으실 거야. 그렇다면 일단 보살피는 데 힘이 거의 안 드는 그런 애완동물부터 키우기 시작하면서 경현이가 충분히 애완동물을 키울 준비가 되어 있다는 걸 보여 드리는 거야. 예를 들면 장수풍뎅이 같은 게 어떨까? 집 청소도 필요 없고, 냄새도 안 나고, 산책도 안 시켜 줘도 되지. 가끔씩 젤리 통만 갈아 주면 되거든.

 장수풍뎅이를 키우면서 애완동물 키우는 일이 자연을 사랑하는 마음과 관찰력 향상에 얼마나 도움이 되는지 종종 부모님과 대화를 나눌 필요가 있어. 그렇게 장수풍뎅이를 잘 돌보는 모습을 꾸준히 보여드린 다음에 이제 다른 애완동물을 키우고 싶다고 말해 보는 거야. 풍뎅이보다 더 책임감 있게 키워야 하는 햄스터나 토끼 같은 동물은 어떨까?

 이렇게 직접 애완동물을 키우면서 경현이도 본인이 강아지를 맡아 키울 수 있을지 느끼게 되겠지. 본인이 강아지를 키울 수 있을 만큼의 책임감과 애정이 있다면 그 다음에 넌지시 강아지를 키워 보고 싶다고 부모님께 말씀드려 보는 거야. 혹시 아직 확신이 들지 않는다면, 강아지를 키우는 친구의 도움을 얻어 직접 몇 시간이라도 돌보는 기회를 가져 보는 것도 좋은 방법이겠지?

강아지를 키우기 전에 꼭 해야 할 일이 있다면 어떻게 강아지를 보살피는지, 어떻게 강아지를 훈련시키는지, 강아지 종류 별 특성은 어떤지를 미리 충분히 공부해 두는 거란다.

이렇게 장수풍뎅이처럼 작은 애완동물을 키우는 일부터 시작한다면 무작정 강아지를 사달라고 조르는 것보다는 부모님 마음을 돌리기가 훨씬 쉬워질 거야. 무슨 일이든 작은 일부터 시작해서 조금씩 늘려나가면 큰 거부감 없이 그 일을 하게 되는 게 사람의 마음이거든.

설득 시크릿 문전 걸치기 기법

'문전 걸치기 기법'이라는 말은 일단 문 안에 발을 들여놓으면 방 안으로 들어가는 건 어렵지 않다는 뜻이란다.

예를 들어 별로 어렵지 않은 사소한 일을 부탁받았을 때 대부분의 사람들은 그 부탁을 들어주게 되는데, 이건 문 안에 발을 들여 놓는 것과 똑같은 거야. 이렇게 한 번 부탁을 들어준 사람들에게 비슷하지만 조금 더 큰 부탁을 하면 대부분의 사람들이 또 부탁을 들어준다고 해. 사람들 마음속에는 하나의 방향으로 가고 싶어 하는 기질이 있거든. 이러한 특성을 활용해 작은 부탁으로 시작해 큰 부탁까지 설득이 가능한 거지.

회사에서도 상품을 홍보할 때 이 문전 걸치기 기법을 많이 활용한단다.

영국의 '브리티시 에어웨이'라는 항공사는 여행 서적에 부착된 바코드를 활용했어. 러시아 여행 서적의 바코드를 찍으면 '러시아 여행 가세요? 브리티시 에어웨이를 이용한다면 90달러로 떠날 수 있어요.'라는 문구가 나왔지. 러시아 여행에 관심을 가지는 사람들이 실제로 여행을 떠나도록 유도한 거야. 이 홍보 전략은 매우 효과가 좋았다고 해. 문전 걸치기 기법을 활용한 좋은 사례지?

03 일관성의 법칙

갖고 싶은 물건의 가격을 말하지 말라고요?

　박사님, 얼마 전에 친구들이랑 공원에서 처음으로 자전거를 탔거든요. 사실 제가 운동을 좋아하지도 잘하지도 못하는데 자전거 타기는 아주 재미있더라고요. 그래서 부모님께 자전거를 사달라고 했더니, 분명 얼마 안 타고 내버려둘 거라며 안 된다고만 하세요. 엄마, 아빠를 어떻게 설득하면 좋을까요?

　박사님은 자전거 타기가 재미있어 자전거를 꼭 갖고 싶은 민우 마음이나, 운동을 별로 좋아하지 않는 민우에게 위험하기도 하고 비싼 자전거를 바로 사 주기 망설여지는 부모님 마음 모두 이해가 가는구나. 만약 민우가 진작부터 운동을 좋아하고, 자전거 타기도 좋아하는 모습을 일관되게 보여 주었더라면 엄마, 아빠를 설득하기가 훨씬 쉬웠을 거야. 대개는 한번 어떤 습관이나 특성을 가지게 되면 잘 변하지 않거든. 그래서 세 살 버릇 여든까지 간다는 말도 있잖아. 지금까지 민우가 운동하는 걸 별로 좋아하지 않았다면 자전거 타기도 좋아하지 않을 확률이 높다고 할 수 있지. 하지만 누가 또 알겠니? 그동안 좋아할 만한 운동을 찾지 못한 것일 수도.

자전거를 사 줄 수 없다는 부모님의 생각을 바꾸기 위해서는 긍정적인 대답을 이끌어 낼 분위기를 만드는 게 중요해. 예를 들어, 어둑어둑해질 저녁 무렵에 맛있는 저녁을 먹고 난 다음 배가 부른 상태에서 부모님과 함께 산책을 하는 거야. 엄마, 아빠 손을 꼭 잡고 얼굴에 미소를 띠우며 이렇게 물어 보는 거지.

"엄마, 아빠, 지금 기분이 어떠세요?"

배도 부르고, 바람도 불고, 사랑하는 가족도 옆에 있다면 기분이 나쁠 리가 없겠지? 당연히 부모님의 대답은 "좋아!", "그래, 참 좋다!"처럼 긍정적인 반응일 거야.

"저도 참 좋아요!"

활짝 웃으며 이렇게 말한 다음, 몇 걸음 더 가서 엄마, 아빠에게 살짝 물어 보는 거야.

"이런 날, 자전거를 타고 저기 강변을 달려도 참 좋을 것 같지 않아요?"

부모님은 이미 그전에 좋다는 대답을 했기 때문에 "아니!" 하기보다는 "그래!"라는 긍정적인 답변을 할 확률이 훨씬 높을 거란다.

"여기서 자전거 타면 참 좋을 것 같아요."

"얘는 또 자전거 타령이네. 그런데 자전거가 얼마나 한다니?"

그런데 이렇게 구체적인 조건을 물어봤을 때 단박에 대답하게 되면 거절당할 확률이 높아져. 가격을 듣고 나서는 이렇게 말하기가 쉽지.

"아유, 비싸다 얘. 일이만 원도 아니고. 조금 더 생각해 보자."

그럼 어떻게 해야 하냐고? 부모님이 직접 가격을 알아보도록 하는 게 좋아. 일단 가격을 알아보는 것은 그 물건을 사겠다는 의지를 강하게 가지게 되는 거고, 그렇게 되면 생각의 방향은 사는 쪽으로 틀어진단다.

그러니 부모님께서 자전거가 얼마나 하느냐고 물어 보시면, 민우는 자

전거의 가격을 바로 이야기하는 것보다 주위 친구가 구입한 장소 정도만 이야기하는 게 좋겠지? 이렇게 긍정적인 쪽으로 부모님의 생각의 방향을 바꾸어 놓는 것, 그것이 설득의 중요한 포인트란다.

일단 긍정적으로 생각한 문제에 대해서는 끝까지 긍정적으로 생각하고 싶어 한다는 것, 이것을 바로 '일관성의 법칙'이라고 해.

설득 시크릿 일관성의 법칙

대개의 사람은 일단 어떤 입장이나 태도를 취하게 되면, 이후로는 일관되게 그 입장이나 태도를 유지하려고 하는 경향이 있단다. 자신이 정한 입장이나 태도를 바꿀 만한 새로운 사실을 알게 되더라도 입장을 쉽게 바꾸지 못하는 것, 가능하면 처음 정한 입장을 유지하려고 하는 것, 이게 바로 '일관성의 법칙'이야.

이렇게 사람들이 일관성의 법칙을 지키는 이유에는 여러 가지가 있어. 우선, 한번 결정한 것을 변경하게 되면 신뢰를 잃을 수 있기 때문이야. 다른 사람들에게 받을 비난이 두려워 일관성을 유지하게 되는 경우가 많지. 두 번째로, 합리적인 결정을 하려면 생각을 깊고 넓게 해야 하는데, 대부분의 사람들은 이렇게 심사숙고하는 데 번거로움을 느끼거든. 그래서 조금 손해를 보더라도 기계적으로 일관성의 법칙에 따라 행동하게 되는 거지.

04 거절 후 양보의 법칙

한번 거절당한 후엔 설득이 더 쉬워진다고요?

심박사님! 저는 늘 용돈이 부족해요. 친구들과 마음 편히 떡볶이도 못 사 먹고, 마음에 드는 필통 하나 살 수도 없을 정도예요. 그런데 아무리 용돈을 올려 달라고 해도 엄마, 아빠는 제 말을 들어주질 않으세요. 어떻게 하면 좋을까요?

태은이의 고민을 들으니 태은이처럼 늘 용돈이 부족했던 학창 시절이 생각나는구나. 새 양말을 못 사서 구멍 난 양말을 몰래 꿰매 신곤 했었지.

용돈을 부족하지 않게 받을 수 있다면 참 좋을 거야. 아니, 지금보다 조금이라도 더 올려 받을 수만 있다면 참 좋겠지? 이 고민을 해결할 방법으로 갑자기 얼마 전 내 친구가 했던 이야기가 떠오르는구나.

어느 날 후배가 찾아와 자신이 속한 동아리에서 불우 이웃 돕기를 하는 일일 찻집을 한다고 입장권을 사달라고 했다고 해. 그런데 그 입장권이 삼만 원이나 한 거야. 생각보다 가격이 부담스러워 일단 삼만 원이 없다고 하면서 정중히 거절을 했는데, 그랬더니 이번에는 만 원짜리 티를 한 장 내보이면서 사달라고 했다는 거야. 친구는 또 거절하기가 미안해서 필요도 없던 티를 샀대. 자기는 작아서 입을 수도 없는 티였는데 말이지. 그러고는 집에 와서 암만 생각해도 자기가 왜 그랬는지 알 수 없다고 내게 전화를 했지 뭐니?

이 이야기 속에서 심리 법칙을 하나 발견할 수 있단다. 누군가 부탁을 했을 때, 그 부탁이 받아들이기에 너무 크다면 일단 거절을 하겠지? 그런데 또 다시 다른 부탁을 했다면, 그리고 그 부탁이 처음 것보다 들어주기 쉬운 것일 땐 그것을 들어줄 가능성이 높아져. 두 번 모두 거절하기 미안하기도 하고, 첫 번째 거절을 받아준 상대가 한 번 양보한 것으로 생각이 되어 두 번째엔 내가 양보해야겠다는 심리가 작용해서야. 이것을 우리는 '거절 후 양보의 법칙'이라고 한단다.

자, 이제 이 법칙을 활용해 볼까? 일단, 부모님이 거절할 수밖에 없는 부탁을 요청하는 거야. 그 다음 용돈이 부족하다고 이야기해 보는 거지. 예를 들어 태은이는 용돈 이야기를 꺼내기 전에 최신형 컴퓨터가 갖고 싶다고 요청해 볼 수도 있겠지? 물론 부모님께서 터무니없는 부탁에 화를 내실 수도 있어. 하지만 태은이가 진짜로 원하는 것은 컴퓨터가 아닌 용돈 오천 원이기 때문에 거절당한 것에 크게 마음을 쓸 필요는 없단다.

부모님의 거절 후, 용돈 이야기를 슬며시 꺼내 보는 거야. 부모님도 태은이의 부탁을 거절한 것 때문에 미안한 마음이 드실 테니 두 번째 제안을 조금 더 진지하게 생각해 보실 가능성이 높아지겠지?

이 전략에는 두 가지 원리가 들어 있단다. 첫 번째는 바로 상호성의 원리야. 상대방이 내게 베푼 것이 있다면 갚아야겠다는 마음이 생기는 심리 법칙을 말하지. 부모님에겐 태은이의 첫 번째 제안을 거절한 것에 대한 미안함이 있고, 그 거절을 상대방이 덤덤히 받아들였을 때 상대방이 한 발 양보를 했다고 생각하게 된다는 거란다. 그래서 두 번째 부탁은 조금 더 너그러운 마음으로 들어줄 가능성이 높아지는 거지.

두 번째는 대조의 원리야. 똑같은 물건을 사기 위해 가게를 돌아보는데, 첫 번째 가게에서 이만 원에 팔던 물건을 두 번째 가게에서 만 원에 판다면 어떨까? 사실 그 가격이 싸지 않다고 해도 첫 번째 가게에 비해

낮은 가격이므로 물건을 사게 될 확률이 높아질 거야. 이게 바로 대조의 원리란다. 그러므로 터무니없는 첫 번째 부탁과 현실적으로 수용이 가능한 두 번째 부탁이 비교되어 부탁을 들어줄 확률도 높아지는 거야. 이 법칙은 기업에서 상품을 판매할 때 전략으로 많이 활용하곤 해. 가격을 높게 매긴 후 할인을 하면 상대적으로 가격이 낮게 느껴져 사람들의 구매욕구가 커지지. 하지만 태은이는 이 전략을 알았으니 앞으로 쉽게 설득당하지 않겠지?

설득 시크릿 거절 후 양보의 법칙

앞에서 배운 '문전 걸치기 비법' 기억나니? 작은 부탁에서 시작해 큰 부탁까지 설득하는 방법이었잖아.

반면, '거절 후 양보의 법칙'은 바꾸어 말하면 문전 박대의 법칙이라고도 할 수 있어. 부탁을 할 때 상대방이 들어주기 어려운 것을 먼저 이야기한 후, 다시 그보다 작은 부탁을 하면 상대방이 들어줄 확률이 높아지는 심리를 말하지. 문전 박대를 한 사람은 미안함을 느끼고 상대방에게 무엇으로든 보상하려고 하는 마음이 들게 마련이거든.

서로 반대되는 원리이지만 모두 설득에 효과가 있다는 점이 재미있지?

05 조건부 동의의 법칙

동의한 후 자신의 의견을 말하라고요?

🧒 심박사님! 전 정말 너무 억울하고 속상해요. 동생과 싸우면 혼나는 쪽은 항상 저예요. 제가 아무리 설명을 해도 엄마는 제 얘기를 들으려고도 하지 않아요. 무조건 형이 참아야 한다는데, 세상에 이런 법이 어디 있나요?

👨 민우처럼 세상의 모든 언니, 누나, 형, 오빠들은 이런 억울함을 한 번쯤은 느껴 보았을 거야. 그 억울하고 답답한 심정, 나도 잘 알고 있지. 엄마가 내 이야기

를 끝까지 들어주기라도 한다면 그렇게 억울하지는 않을 텐데, 무조건 동생 편만 드는 엄마가 원망스럽지? 설명하려고 하면 말대꾸한다고 더 야단만 듣고 말이야. 도대체 뭐가 말대꾸라는 건지 이해할 수도 없는데 말이지.

 박사님도 어릴 적 동생과 싸우고 혼나면, 말을 할수록 야단만 맞으니 잠자코 있었던 적이 많았단다. 그러다 어느 날 곰곰이 생각해 봤지. 어떻게 하면 엄마가 내 이야기를 끝까지 들어줄까? 그러다가 매번 비슷한 상황이 반복된다는 것을 알게 되었단다.

 동생 : 으앙!
 엄마 : 왜 울어?
 동생 : 엄마, 형아가 나 때렸어!
 나 : 내가 언제?
 엄마 : 엄마가 뭐라고 그랬니? 형이 되었으면 동생을 잘 돌봐 줘야 한다고 했잖니!

나 : 아니, 그게 아니라요…….

엄마 : 그게 아니긴 뭐가 아냐! 엄마가 말하면 '네' 해야지 말대꾸나 하고 말이야.

이런 식으로 매번 상황 설명은 하지도 못하고 말대꾸한다고 혼나고 말았어. 그래서 한번은 이렇게 이야기했단다.

엄마 : 엄마가 몇 번이나 말했니, 동생이랑 사이좋게 놀라고. 너희들은 어떻게 맨날 싸우니? 이럴 때 형이 양보하고, 참아야지. 어린 동생이랑 그렇게 똑같이 하려고 해?
나 : 네, 맞아요.

이렇게 엄마 말씀에 동의를 했지. 그랬더니 엄마 눈이 휘둥그레지는 거야.

엄마 : 그래. 아는 녀석이 그러니?
나 : 저도 동생이랑 사이좋게 놀고 싶어요. 그런데 이럴 때는 어떻게 하면 좋을지 저도 모르겠어요.
엄마 : 그래, 뭐가 어떻게 된 건지 한번 이야기해 봐. 엄마가 알아야 어떻게 해야 좋을지 이야기하지.

그래서 그동안의 일을 고스란히 엄마에게 말씀드릴 수 있었단다. 내 이야기를 다 듣고 나서 엄마는 이렇게 말씀하셨어.

"듣고 보니 꼭 네가 잘못했다고 할 수는 없겠다!"

이 말 한마디에 그동안 내 마음에 쌓였던 모든 억울함이 눈 녹듯 싹 사라지지 뭐니?

설득 시크릿 **조건부 동의의 법칙**

어떻게 엄마 말씀에 동의를 한 것만으로 상황이 변했을까?

사람은 자신이 어떤 말을 하거나 주장을 했을 때 그 말을 상대방이 인정하고 들어주길 바라는 욕구가 있어. 반면, 상대가 내 말을 부정하면 상대의 주장에 귀 기울이기보다는 내 의견을 더 확실하게 주장할 방법이나 근거를 찾느라 머릿속이 바빠지게 마련이지. 이렇게 상대방이 내 말을 들어주지 않고 일방적으로 주장할 때, '조건부 동의의 법칙'이 효과적일 수 있단다. 상대방의 주장이 다 말이 되는 건 아닐지라도 부분적으로 맞는 부분이 하나쯤은 있겠지? 그 부분을 먼저 인정하는 거야.

"네, 맞아요. 이런 부분은요……"

그러면 상대방도 자신의 의견에 동의하는 사람에게 마음을 열게 된단다. 그리고 그때 내가 하고 싶은 이야기를 꺼내면 되는 거야.

"그런데, 저 부분에 대한 생각은 조금 다른데요……"

06 기록의 마법

약속을 자꾸 미루는 사람에겐 어떻게 해야 하나요?

심박사님은 놀이공원 좋아하세요? 저는 놀이공원이 참 좋아요. 제가 제일 좋아하는 건 스릴 만점 롤러코스터예요. 하지만 불행하게도 놀이공원에 자주 가지는 못해요. 엄마, 아빠가 항상 이런저런 핑계로 미루기만 하거든요. 어떻게 하면 엄마, 아빠가 놀이공원에 함께 가겠다는 약속을 지킬까요?

박사님도 어릴 적엔 놀이공원이 너무나 가고 싶어 가끔씩 놀이기구 타는 꿈을 꿀 정도였단다. 어린이날 한 번 부모님과 가 본 적이 있었는데 스릴 넘치는 놀이기구에 맛있는 간식들이 넘치고 마치 천국 같더라고, 허허.

민우도 놀이공원이 너무나 가고 싶은데 엄마, 아빠가 약속만 하고 매번 미뤄서 속상했지? 그럼 어떻게 해야 엄마, 아빠가 약속을 지킬 수 있을지 생각해 보자. 먼저 생각해 볼 것은 지금까지 약속을 어떻게 했느냐 하는 거야. 혹시 이렇지는 않았니?

민우 : 아빠! 우리 이번 주 일요일에 놀이공원 가요! 네?
아빠 : 그래, 알겠다.

일요일 아침
민우 : 아빠, 얼른 일어나세요. 놀이공원 가기로 약속했잖아요.
아빠 : 끙…… 아빠가 오늘은 몸이 너무 안 좋아. 다음 주에 가면 안 될까?
민우 : 피, 오늘도야.

만약 여태껏 이런 식이었다면 이제는 방법을 살짝 바꾸어 보는 거야. 엄마, 아빠가 놀이공원 가자는 말에 알겠다고 하실 때, 얼른 종이와 연필을 가져 오렴. 그리고 부모님께서 직접 언제 민우와 함께 놀이공원을 가겠다고 약속하는 말을 종이에 적도록 요청하는 거야. 민우가 직접 문구를 만들어서 사인을 해 달라고 내밀 수도 있겠지? 하지만 직접 글씨를 적는 것이 훨씬 효과적이란다.

"○○월 ○○일 ○요일에 엄마, 아빠는 민우와 함께 놀이공원에 갈 것을 약속합니다."

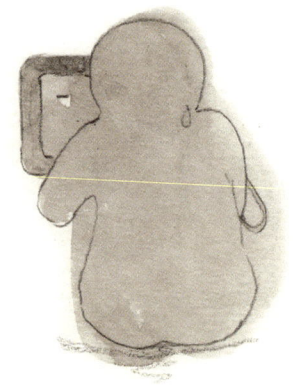

그 다음에는 이 종이를 눈에 잘 띄는 곳에 붙여 두는 거야. 냉장고나 방문에 붙여두면 매일 매일 볼 수 있겠지? 그리고 보다 확실한 방법이 하나 더 있는데……. 바로 여기저기에 이 소식을 알리는 거란다.

할아버지, 할머니께 전화해서 "할아버지, 민우예요. 엄마, 아빠랑 일요일에 놀이공원에 놀러 가기로 했어요. 이번엔 정말 약속하셨어요."라고 말하는 거야. 물론 엄마, 아빠와 함께 있을 때 해야겠지? 친구들이 놀러 왔을 때도 마찬가지란다. "얘들아, 주말에 엄마, 아빠랑 놀이공원 놀러 가기로 했어. 재밌겠지?"

이렇게 부모님이 하신 약속을 기록으로 남겨 계속 기억나도록 하고, 주변 사람들에게 알린다면 부모님께서 약속을 어기기 쉽지 않으실 거야. 어때, 좋은 방법이지?

> 설득 시크릿 **기록의 마법**

기록의 효과를 잘 보여주는 한 실험이 있어.

미국의 대학생들을 대상으로, 에이즈에 대한 교육을 하는 자원봉사 프로젝트에 참여해 달라고 요청을 했다고 해. 절반의 학생에게는 신청서를 받았고 나머지 절반은 구두로 약속을 받았단다. 프로젝트 날, 어느 쪽이 더 많이 참가했을까? 바로 신청서를 작성한 팀이란다.

본인이 직접 신청서를 작성했다는 것은 그만큼 적극적으로 약속을 했다는 걸 말해. 앞에서 배운 일관성의 법칙에 따라 적극적으로 약속을 했을 때는 소극적으로 약속했을 때보다 지킬 확률이 훨씬 커진단다. 또한, 그 약속을 공개했을 때 훨씬 더 잘 지키게 돼. 대부분의 사람들은 다른 사람들 앞에서 약속도 하나 못 지키는 사람이 되는 걸 싫어하니까 말이야.

그러니 무슨 약속이든 기록으로 남기면 훨씬 잘 지키게 될 거야. 자기와의 약속도 마찬가지란다.

1장 가족 설득 테스트

고집불통 할아버지를 설득할 방법이 있을까?

우리 할아버지는 하기 싫은 일은 절대 안 하려고 하셔. 새로운 것도 싫어하고 익숙한 것만 좋아하시지. 빵, 스테이크, 피자 이런 양식은 싫어하시고, 식사엔 반드시 따뜻한 국물을 드셔야 해. 할아버지만 허락해 주시면 이번 주 외식은 패밀리 레스토랑으로 갈 수 있는데……. 어떻게 해야 할아버지를 설득할 수 있을지 함께 생각해 줄래?

지피지기면 백전백승!

할아버지가 붐비는 곳을 싫어하신다면 할아버지가 좋아하시는 차분하고 조용한 분위기를 가진 패밀리 레스토랑을 찾아보는 건 어때? 또, 따뜻한 국물이 메뉴에 있는지 먼저 알아봐야겠지? 무조건 할아버지가 싫어하실 거란 생각은 버리고, 좋아하실 만한 것들을 먼저 이야기하면 할아버지께서도 마음을 열어주실지도 몰라.

파자마 파티에 가고 싶은데 부모님을 어떻게 설득하지?

방학이 가기 전에 친구들과 함께 모이는 파자마 파티를 계획 중이야. 내 친구들은 모두 갈 수 있다는데 나만 아직 부모님께 말씀 못 드렸어. 우리 부모님은 여태까지 친구네 집에서 자는 걸 허락한 적이 없으시거든. 엄하신 부모님을 어떻게 설득하면 좋을까? 그 방법을 알려 줘!

문전 걸치기 기법으로 해결!

1 단계 친구네 집에 놀러가거나 친구가 놀러 오는 것을 허락받는다.
2 단계 친구가 와서 저녁 먹고 가는 것을 허락 받는다.
　　　　친구네 집에서 저녁 먹고 오는 것을 허락 받는다.
　　　　틈틈이 다른 친구들은 종종 파자마 파티를 한다는 이야기를 한다.
3 단계 친구네 집에서 자도 될지 허락받는다.

 단골 식당 주인 아주머니의 고민을 해결할 방법은?

며칠 전에 우리 가족 단골 식당에 갔는데, 식당 주인 아주머니께서 크게 한숨을 쉬시는 거야. 요즘 들어 예약한 손님들이 안 오는 경우가 많아 손해가 이만저만이 아니래. 그날도 무려 백 명분의 예약이 취소되었다지 뭐야? 왜 사람들은 예약을 해놓고 약속을 안 지키는걸까?

아주머니께서 무슨 좋은 수가 없겠냐고 고민을 털어놓으셨는데, 어디 좋은 방법 없을까?

 **약속은 적극적으로!**

약속을 적극적으로 하면 그 약속을 지킬 확률이 높아진다는 심리를 이용하면 돼. 예약 절차를 조금 더 복잡하게 바꾸면 말 한 마디로 예약했을 때보다 지켜야겠다는 마음이 커지게 될 거야. 예를 들면, 예약한 시간이 되기 30분 전에 확인 전화를 하지 않으면 예약이 취소되는 것은 어때? 아주머니도 미리 준비할 필요가 적어지고, 손님에게도 약속을 지키게 하는 수단이 될 것 같아.

07 유사성의 법칙

친해지고 싶은 친구에게 다가가는 비결이 있나요?

똑똑한 심박사님! 심박사님은 뭘 제일 좋아하세요? 전 세상에서 친구랑 노는 게 제일 좋아요. 그런데 친구를 사귀는 건 너무 힘들어요. 사실 우리 반에 친해지고 싶은 친구가 있는데요, 어떻게 해야 할지 모르겠어요. 한 학기 동안 고민해 봤지만 여전히 그 친구에게 다가가기 어려워요.

친구랑 노는 건 참 신 나고 재미있지? 수이의 고민은 친구를 어떻게 사귀느냐 하는 거구나. 그런데 친구를 사귈 때엔 먼저 다가가는 노력이 필요하단다.

사람들을 가만히 보면 친구를 사귀는 것도 성격에 따라 다 달라. 어디서든 누구하고 금방 친해지는 사람이 있는가 하면, 친구를 사귀는 것이 무척 힘든 친구들도 있지. 많은 친구들과 왁자지껄 지내지만 막상 속 깊은 이야기를 하는 친구는 별로 없는 사람도 있고, 자기를 알아주는 몇 명 하고만 깊이 있게 사귀는 친구도 있단다. 어느 쪽이 더 좋고 나쁘다는 기준은 없어. 단지 내가 좋아하는 친구와 친하게 지낼 수 있다면 그렇지 않은 것보다 훨씬 즐거울 거란 사실은 분명하지.

보통 친해지고 싶은 마음이 드는 친구가 있다면 대개 자신과 마음이 잘 통할 것 같다는 점에서 그런 마음이 들 거야. 친구가 되려면 사소한 것 하나라도 통하는 부분이 있어야 서로 마음을 열게 마련이거든. 그런데, 수이는 친구들과 어떤 부분이 맞을 때 나와 잘 통한다는 느낌을 받니? 대개는 취향이나 생각이 비슷할 때 잘 통한다고 생각할 거야.

사람들은 보통 자신과 비슷한 점이 많은 사람에게 끌리게 되어 있어. 나와 이름이 비슷하다거나, 아니면 좋아하는 책이나 연예인이 같다거나, 같은 음식을 좋아하는 것 등 말이야. 자, 그렇다면 우린 여기서 수이가 그 친구와 사귈 수 있는 열쇠를 찾은 거야.

내일 학교에 가면 친구에게 그동안 수이가 찾은 수이와 친구의 공통점에 대해 얘기해 보는 거야. 아주 사소한 것도 괜찮단다.

"어머, 너 가방이랑 내 거랑 참 비슷하네?"

"너도 보라색 좋아하나 보지?"

"이 가수, 나도 좋아하는데……."

이렇게 이야기를 시작하면 그 뒤의 이야기는 술술 풀릴 거란다.

특별한 공통점을 발견하지 못했다면 그 친구 행동을 살짝 따라해 보거나 비슷한 옷을 입어 보는 거야. 그러고 나면 더욱 친구에게 이야기를 꺼내기 쉬워지지 않을까?

설득 시크릿 **유사성의 법칙**

자신과 비슷한 사람에게 끌리는 것을 '유사성의 법칙'이라고 해. 비슷한 이름, 비슷한 생일, 비슷한 옷을 입었다는 이유로 모르는 사람에게도 호감을 갖는 게 바로 이 원리야.

한 심리학자가 대학생들을 대상으로 이런 실험을 했대. 기숙사의 방을 배정하기 전에 질문지와 면접을 통해 태도가 비슷한 짝과 비슷하지 않은 짝을 만들어 같은 방에서 생활하게 했지. 6개월 후, 서로에 대한

호감도를 조사했더니 유사한 태도와 가치관을 가졌던 학생들은 대부분 서로 친구가 되었지만, 유사하지 않은 태도와 가치관을 가진 학생들은 대부분 사이가 소원했다고 해.

　사람들은 자신과 태도와 가치관이 비슷한 사람을 더 좋아해. 미국에서 1,499쌍의 부부를 조사했더니 나이, 인종, 종교, 교육 수준, 사회적 지위뿐만 아니라 키, 눈동자 색 마저 비슷했다고 해. '부부는 닮는다'라는 말이 왜 나왔는지 알겠지?

08 거절의 기술

거절을 잘하는 방법도 있나요?

 박사님, 저 어쩌면 좋죠? 우리 반에 예쁘고 공부도 잘하고 춤도 잘 춰서 인기 많은 태연이라는 아이가 있거든요. 그런데 그 친구가 어제 다짜고짜 저에게 한솔이랑 이제 놀지 말라고 하는 거예요. 한솔이는 같은 아파트에 사는 친구인데요, 집이 가까워 학교 끝나고 같이 집에 자주 가요. 조용하고 수줍음이 많지만 생각이 아주 깊어서 저랑 말이 잘 통해요. 그런데 하필이면 인기 많은 태연이가 놀지 말라고 하니 덜컥 겁이 나요. 태연이 말을 안 들었다가 저까지 따돌림 당할까 봐 겁도 나고, 그렇다고 한솔이처럼 좋은 친구를 잃긴 싫어요. 노대체 어떻게 해야 하나요?

요즘처럼 왕따 문제가 심각할 때엔 많은 친구들이 이 문제에 대해 고민하고 있을 것 같구나. 친구 사이에 끼어 이러지도, 저러지도 못하니 얼마나 답답하니?

무슨 이유인지는 모르겠지만 태연이라는 친구는 한솔이가 맘에 안 드는 모양인데, 그렇다고 해도 재연이에게 한솔이와 놀지 말라고 할 권리는 없는 거란다. 재연이가 아는 한솔이는 좋은 친구잖니. 태연이는 타당한 이유도 들지 않고 네게 부탁했고, 설사 나름대로의 이유가 있다고 해도 친구는 자신이 선택하는 거거든. 박사님의 생각엔 태연이의 요구를 거절해야 한다는 것엔 변함이 없어. 그렇지만 현명하게 거절해서 재연이와 한솔이 모두가 겪을 문제를 최소화할 필요가 있겠지?

누군가의 부탁이나 요구를 거절하는 것은 쉬운 일이 아니야. 부탁을 들어주지 않았을 때 내게 앙심을 품고 나쁜 소문을 내고 다니지는 않을까 하는 걱정도 들겠지.

"걔는 참 이기적이야. 다른 사람이 무슨 부탁을 해도 절대 들어주지 않아!"

부탁을 거절한 후 이런 소문이 난다면 어떨까? 아마 재연이가 태연이의 말도 안 되는 요구를 거절하기 어려운 이유도 마찬가지일 것 같구나. 부탁을 거절했을 때 상대방이 나를 싫어할까 봐 겁이 나기도 하고, 나에 대해 안 좋은 소리를 하고 다닐까 무섭기도 하겠지.

하지만 우리가 살면서 다른 사람의 모든 부탁을 들어줄 순 없는 노릇이야. 특히 그 부탁이 내게 무리한 요구라든지, 옳지 않을 일일 때 말이야. 누군가 나에게 부탁을 하면 결정을 내리기 전에 먼저 그 부탁에 대

해 생각해 봐야 할 필요가 있어. 들어줄 수 있다고 판단하면 들어주면 되는 거고, 내키지 않는다거나 들어주지 말아야 할 이유가 분명하다면 거절을 해야 하지.

지금 재연이 같은 경우에는 분명 거절을 해야 할 필요가 있어. 그런데 딱 잘라서 말을 하기보다는 정확한 이유를 묻고 거절을 하는 게 좋을 것 같구나.

"태연아, 그런데 한솔이가 나쁜 애라는 사실이 믿기지 않아. 나랑 있으면 얼마나 착한데. 너한테 정확히 어떤 나쁜 행동을 했는지 말해 줄래?"

태연이에게 먼저 왜 그런 부탁을 했는지 그 이유를 물어 보는 거야. 만약 그 이유가 아주 궁색하다면, 이렇게 말하면 어떨까?

"그런 이유라면 네 부탁을 들어주기 힘들 것 같아. 어떤 친구와 놀지 결정하는 건 나 자신이라고 생각하거든. 너라면 친구 말을 듣고 친하던 친구와 절교하기가 쉽겠어?"

부드러우면서도 단호하게, 그리고 납득힐 만한 이유를 들어 거절하는 거야. 쉽지 않겠지만 이렇게 말한다면 태연이도 재연이의 말을 이해하고 다시 요구하지 않을 것 같구나.

> 설득 시크릿

거절의 기술

상대방의 부탁이나 요구를 듣고 내키지 않거나 들어줄 수 없을 때 거절하는 것은 쉬운 일이 아니야. 심지어 상대방에게 신세진 일이 있을 땐 더더욱 그렇단다.

예를 들어 반장 선거에 나간 친구가 맛있는 피자를 사주겠다고 하는 거야. 피자까지 얻어먹었는데 그 친구를 반장으로 안 뽑을 수 없지 않겠어? 반장감이 아닌 친구라고 생각하더라도 말이야. 그러니 가장 좋은 것은 처음부터 이런 상황을 만들지 않는 거야.

거절할 때는 솔직해지는 게 좋아. 들어주지 못할 거절이라면 처음에 거절을 하는 편이 낫단다. 들어줄 마음이 없는데도 상대방의 반응이 두려워 거절하지 못한다면 상대방에게 기대만 심어 주게 돼 거절하기 점점 어려워질 테니.

09 단순 노출의 효과

이성 친구에게 호감을 주는 3단계 작전이 있다고요?

심박사님, 요즘 들어 어떤 아이가 자꾸 눈에 띄어요. 여럿이 다 같이 있어도 그 애 목소리가 더 크게 들리고, 그 애 얼굴만 더 크게 보여요. 그 애가 저한테 와서 먼저 말 걸어 주었으면 좋겠고, 그 애랑 둘이서만 이야기하면 좋겠어요. 저, 그 애를 좋아하는 것 맞죠? 그런데, 그 애는 저한테 먼저 말도 걸지 않아요. 어떻게 하면 그 애가 절 좋아하게 할 수 있을까요?

오호~! 우리 수이가 사랑에 빠졌구나. 박사님도 수이와 비슷한 나이에 처음으로 누군갈 좋아했었지. 그 친구도 날 좋아해 주길 바랬는데, 그게 꼭 내 마음처럼 되지는 않더라고. 친구에게 내 마음도 알리지 못하고 혼자 기다리기만 했으니 참으로 바보 같았지.

우선 수이에게 상대방이 내 마음을 몰라주는 데 나쁜 마음을 갖는 것보다 노력을 해 보라고 권해 주고 싶구나. '난 저 사람이 좋은데 저 사람은 왜 날 안 좋아하는 걸까?' 하며 혼자 상대방을 탓하기보단 박사님의 '사랑 만들기 3단계 작전'으로 친구와 가까워져 보는 거야.

　자, 그럼 1단계! 수이의 눈에 그 친구가 계속 띄었던 이유는 무엇이었을까? 대화를 나누지 않고도 친구에게 눈길이 갔다면 친구의 외모에 무엇인가 매력적인 부분이 있었기 때문일 거야. 얼굴이 조각상처럼 잘생겼든, 원숭이처럼 못생겼든 상관없단다. 사람들의 눈에 매력적으로 보이는 부분은 다 다르거든. 그러니 수이도 어울리는 머리 모양과 옷 스타일을 갖추고, 깔끔함에 신경 쓴다면 그 아이에게 매력적으로 보이지 않을까?

2단계는 그 친구와 공통되는 관심사를 찾는 거야. 만약 친구가 축구를 좋아한다면 수이도 축구에 관심을 가져 보는 거야. 기회가 되면 함께 축구 이야기를 하며 친해질 수도 있겠지? 친구가 특별히 좋아하는 과목이 있다면 그 시간에 수이도 더 열심히 공부하고, 좋아하는 가수가 있다면 그 가수의 노래를 들어 보는 거지. 이렇게 사소한 것이라도 서로 공통된 관심사를 갖고 있다는 사실 하나만으로도 호감도가 상승할 거야. 이러다 수이가 척척박사가 될지도 모르겠구나, 껄껄.

마지막 3단계는 바로 자주 눈에 띄는 거란다. 사람들은 대개 익숙한 것에 호감을 느끼거든. 익숙해지려면 무엇보다 자주 보는 게 좋겠지? 길 가다가도 우연히 만난 척, 복도에서도 우연히 부딪친 척, 점심시간과 쉬는 시간에도 자주 눈에 띄면 자연스레 얼굴이 눈에 익게 되고 호감도가 올라갈 거야.

자, 이 3단계를 통해 친밀감을 쌓고 수이가 그 친구와 잘 통하는 사람이라는 사실을 알려준다면 친구도 수이에게 호감을 갖게 될 거야.

설득 시크릿　　## 단순 노출의 효과

　아무리 낯선 것도 자꾸 보면 친숙해지고, 점점 좋아하게 되는 심리 법칙을 '단순 노출의 효과'라고 해.

　파리의 상징 에펠탑 모두 알지? 이 에펠탑을 처음 세울 땐 파리 시민들의 반대가 이만저만이 아니었어. 아름다운 파리에 흉측한 철제 구조물이 웬 말이냐며 말이지. 그래서 일단 세웠다가 철거하기로 약속한 뒤에야 간신히 에펠탑을 세울 수 있었단다. 그런데 에펠탑이 너무 크다 보니 파리 곳곳에서 에펠탑이 보이는 거야. 매일 어디서든 눈에 띄니 파리 사람들도 점점 에펠탑을 좋아하게 되었고, 결국 오늘날 파리의 명물이 된 거란다.

　흉물도 명물로 바꾸는 익숙함의 힘! 정말 대단하지?

10 모방의 법칙

친구의 마음을 풀어주는 특효약이 있나요?

심박사님, 어쩌면 좋죠? 가장 친하게 지내는 친구 두 명과 항상 셋이 어울려서 삼총사라는 별명까지 얻었는데, 저를 빼고 두 친구가 싸워서 서로 말도 안 해요. 저는 중간에 끼어서 눈치만 보고 있어요. 한 친구와 이야기만 나눠도 다른 친구가 섭섭해하니 마음 편히 이야기도 못 나눠요. 이 두 친구를 어떻게 설득해 화해시키죠?

도연이가 정말 곤란한 상황에 처했구나. 사실 세 친구가 친한 사이에서 종종 일어나는 일이긴 한데, 참으로 난감할 거야. 모두 불러서 이야기를 하자고 해도 서로 말도 안 꺼내고, 그렇다고 한 명의 편을 들어줄 수도 없는 노릇이고 말이지. 이럴 때 어떻게 하면 친구들을 잘 화해시킬 수 있을까?

일단 두 친구 모두 크게 화가 난 상황 같은데, 이럴 땐 조심스럽게 대화를 시작해야 할 필요가 있단다.

친구의 화난 마음을 조금이라도 풀어줄 수 있는 방법 중 하나는 바로 친구의 말에 동의하는 거야.

"내가 왜 화가 났냐고? 어제 어이없는 일이 있었거든. 내가 계단을 내려오는데 분명히 나랑 눈이 마주쳤어. 그래서 내가 반갑게 인사를 했는데, 걔가 어떻게 했는지 알아?"

이렇게 물으면 눈을 반짝이며 친구 말에 맞장구치는 거야.

"어떻게 했는데?"

"고개를 휙 돌리더니 옆에 있던 현정이 팔짱을 끼면서 가 버리더라고."

"인사를 했는데 고개를 휙 돌렸다고? 정말 화날 만하네."

"그렇지? 역시 도연이 너는 내 마음을 잘 안다니까!"

친구는 도연이가 자신의 감정을 그대로 이해해 준 것 같아 경계를 풀고 자신의 속마음을 이야기할 거야. 상대방의 말에 동의하는 것, 상대방이 한 이야기를 듣고 내가 다시 요약해서 확인하는 것은 대화를 하는 좋은 방법 중 하나야.

엄마가 텔레비전을 보고 있던 내게 갑자기 이렇게 이야기한다고 생각해 봐.

"너 숙제는 한 거니? 텔레비전이 대체 얼마나 재미있다고 맨날 보고 있는 거야? 그렇게 가까이서 보면 눈 나빠진다고 했잖니."

이럴 때는 엄마의 말을 간단하게 정리해서 되물어 보는 거지.

"엄마는 지금 내가 텔레비전을 그만 보고 숙제부터 하길 원하시나요?"
그렇다면 엄마도 더 이상 화를 내지 않으실 거야.

설득 시크릿 — 모방의 법칙

식당에 가서 주문을 하고 난 다음 주문을 받은 사람이 아무 말 없이 가 버리면 음식이 나오기 전까지 왠지 불안할 때가 있어. 내 말을 잘 알아들은 건지 확인할 수 없기 때문이지. 주문을 받은 사람이 주문 받은 음식을 확인해 주면 음식을 기다리는 동안 한결 마음이 편해져. 바로 '모방의 법칙' 때문이지. 상대방이 내 말을 제대로 이해했고, 집중해서 들었다는 것을 알았기 때문이야. 말뿐만 아니라 행동을 따라하는 것도 대화 분위기를 좋게 만드는 데 큰 몫을 한다고 해. 이렇게 적절하게 말과 행동을 따라하는 것은 설득에 매우 중요한 영향을 준단다.

11 권위의 법칙

틀린 걸 주장하는 친구에게 어떻게 사실을 알려주죠?

심박사님! 제 친구 중에 툭하면 우기길 잘하는 그런 친구가 있거든요. 오늘 점심 급식에 돈가스가 나왔는데, 글쎄 돈가스가 우리나라 음식이라는 거예요. 그래서 제가 일본 음식이라고 말했더니 '돼지 돈'자도 모르냐며, 그게 일본말이냐면서 막 따지는 것 있죠? 정말 머리가 아프고 심장이 벌렁거려 혼났어요. 잘 알지도 못하면서 큰 소리로 우기기만 하면 다 되는 줄 아는 그 친구의 코를 납작하게 해 주고 싶어요. 어떻게 하면 좋을까요?

맞아, 정확한 근거 없이 이렇게 큰 소리로 우기는 사람들이 간혹 있단다. 한번 자기가 옳다고 주장한 걸 틀렸다고 인정하기가 쉽지 않기 때문이야. 수이의 친구도 자존심 때문에 도리어 큰 소리로 주장한 것 같구나. 하지만 정확히 알지 못하면서 그렇게 주장하면 나중에 틀린 게 밝혀진 후 자존심이 더 크게 다칠 거야. 본인에게도 상처가 될 거고, 상대방에게도 답답함을 안겨 주는 이런 행동은 서로에게 좋지 않지.

그나저나, 수이의 답답함은 어떻게 풀어야 할까? 어떻게 하면 친구의 자존심을 건드리지 않고 잘 설득해 자신이 틀렸음을 인정하게 할 수 있을까? 이럴 때 필요한 게 바로 '권위의 법칙'이란다.

"돈가스는 우리나라 음식이야."라고 말하는 친구에게 "내가 알고 있기에는 아닌데, 정통 일식 돈가스라는 말이 왜 생겼겠니? 그건 바로……"라고 내 생각을 말한다면 친구가 단번에 인정하지 않을 거야.

이럴 땐 그 분야 전문가의 이야기를 빌려 하는 게 좋아. 내가 알고 있는 걸 이야기하기보다는 돈가스의 기원이 나온 책이나 신문 기사를 보여 주는 것이 설득력 있지. 아니면 전문가의 말을 그대로 인용하는 방법도 있단다.

"우리 아빠가 그러시는데 돈가스는 일본 음식이래."

"그걸 너희 아빠가 어떻게 아셔?"

"우리 아빠가 돈가스를 아주 좋아하거든."

하지만 이런 근거라면 아빠는 필요한 설명을 해 줄 만큼의 전문 지식이 있다고 말하기는 어렵겠지? 아마 친구도 그 의견에 수긍하지 않을 테고.

"우리 아빠는 음식의 역사에 대해 연구하고, 얼마 전에 음식의 역사에 대해 책을 쓰신 적이 있어."

이 정도면 음식 전문가라고 볼 수 있으니 충분히 설득력 있겠지?

설득 시크릿 권위의 법칙

'권위의 법칙'이란 어떤 분야에서 권위 있는 사람의 말을 옳다고 생각하는 경향을 말해. '권위'라는 말을 사전에서 찾아보면 '남을 지휘하거나 통솔하여 따르게 하는 일'이라고 나와.

남을 따르게 하는 이 권위는 어떻게 생기는 걸까? 관련된 분야에서 오랫동안 공부를 했다거나, 관련된 일을 했다거나, 자격증을 가지고 있다거나 하면 우리는 보통 전문가로서의 권위를 가진다고 이야기한단다. 그런데 때로는 직함이나 제복 같은 것만으로도 그 사람이 권위가 있다고 믿고 낭패를 보는 경우도 있어.

권위의 법칙을 이용하여 누군가를 설득하는 것도 중요하지만, 권위의 법칙에 따라 쉽게 설득당하지 않는 것도 중요하겠지?

2장 친구 설득 테스트

둘 중 어느 물건이 더 많이 팔렸을까?

홈쇼핑 광고 중

A: 지금 상담원이 전화를 기다리고 있습니다. 어서 전화 주세요.
B: 지금 주문 전화가 쏟아져서 통화가 지연되고 있습니다. 통화가 될 때까지 잠시만 기다려 주세요.

 **인기는 인기를 낳는다!**

다른 사람들의 주문이 쏟아져서 전화가 안 된다고 하는데, 어느 누가 솔깃하지 않을까? 사람들은 B처럼 통화 연결이 힘들 정도로 인기 있는 물건에 더욱 구매욕을 느끼는 법이야. 다 팔릴까 봐, 얼마나 좋길래 이렇게 인기가 많은 건지 궁금해서 나도 모르게 수화기를 들겠지? 사람들의 이런 심리를 알고 일부러 더 과장 광고를 한다고도 하니 심사숙고해서 잘 판단해야 해.

 엄마는 왜 인테리어를 바꿨을까?

어느 날 학교 끝나고 집에 갔더니 집 안이 뭔가 달라졌어. 거실에는 텔레비전 대신 책장이 들어와 있고, 식탁과 화장실에도 책이 있는 거야. 엄마가 활짝 웃으며 "인테리어를 좀 바꿔 봤어."라고 말하는데, 이때 엄마가 노린 심리 효과는 무엇이었을까?

 **환경이 사람을 만든다!**

맹모삼천지교 아니? 맹자의 어머니가 맹자의 공부를 위해 묘지 근처에서 시장으로, 시장에서 다시 글방 근처로 세 번이나 이사를 했다는 이야기야. 엄마가 아무래도 맹자의 어머니를 본받으실 생각인가 봐. 사람은 주변 환경의 영향을 많이 받거든. 심리학에서는 단순 노출 효과라고도 부르지. 엄마가 힘들게 꾸미셨는데 오늘부터 독서에 취미를 붙여보는 건 어때?

친구가 자꾸만 험담을 늘어놓을 땐 어떻게 할까?

"아까 점심시간에 급식 받는데 하은이 걔가 새치기하는 거 있지? 그래서 내가 너 왜 새치기 하냐고, 줄 제대로 서라고 그랬는데, 걔가 나보고 뭐라는 줄 알아? 잘난 척 하지 말래. 글쎄, 그게 잘난 척이야? 새치기하는 걸 하지 말라고 한 게 잘난 척이냐고!"

휴…… 친구가 찾아와 이렇게 다른 친구의 험담을 늘어 놔. 이야기를 안 들으면 섭섭해하고, 그렇다고 마냥 동조할 수도 없는데 어떻게 해야 할까?

 **친구의 말에 동의하기!**

친구의 말에 동의하며 이야기를 잘 듣고 있다는 걸 알려주는 게 좋아. 사람들이 다른 사람의 험담을 늘어놓는 이유는 해결책을 듣기 위해서보다는 자신의 마음을 그대로 이해해 줬으면 하는 마음이 크기 때문이거든. 내가 친구의 이야기를 잘 듣고, 이해하고 있다는 표현으로 친구의 말을 인용해서 말하는 게 좋아.
"새치기 하지 말라고 했는데 잘난 척 하지 말라고 해서 화가 났구나." 이렇게 말이지.

3장

대중의 마음을 이끄는 설득 시크릿

12 자신감의 위력

다른 사람 앞에 나서는 두려움을 어떻게 없애죠?

박사님, 전 발표나 토론 수업 때문에 학교 다니기가 싫어요. 차라리 시험 공부하는 게 좋을 지경이에요. 다른 사람들 앞에서 제 이야기를 하는 게 왜 이렇게 힘들까요? 발표할 때마다 목소리가 바들바들 떨리고, 친구들 눈도 잘 못 마주치겠어요. 어디 발표 없는 학교는 없을까요? 도와주세요, 박사님!

맞아, 다른 사람 앞에 서는 건 늘 어려운 일이지. MBC 예능 프로그램 〈나는 가수다〉를 보면 아무리 유명하고 인기 많은 가수라도 사람들 앞에서 노래를 부르기 전에 긴장하는 모습을 볼 수 있단다. 나 또한 강의 경력이 수십 년이지만 아직도 강의 시작 전에는 조금씩 떨리거든. 심지어 몇 년 전 유명 인사들이 많이 오는 강연회에서 발표할 때는 도망가고 싶을 정도로 긴장했었지. 하지만 긴장이 되는 자리일수록 막상 발표를 하고 나면 더욱 보람이 있더구나. 그래서 발표를 잘하기 위해 수도 없이 노력을 해왔어.

　재연이는 물론 재연이 반 친구들 역시 발표하기 전 크고 작은 걱정들을 할 거야. 하지만 이런 걱정 때문에 발표를 피해 버린다면 시간이 흐를수록 발표에 대한 두려움만 커질 거란다. 학교에서 뿐만 아니라 성인이 되어 사회에 진출한 후에는 남들 앞에 설 일이 더 많아질지도 모르는데 말이야. 혹시 아니? 재연이가 나중에 정말 하고 싶은 일이 생겼을 때 다른 사람들 앞에 서는 걸 피하느라 그 일을 하지 못하게 될 수 있다는 걸.

　자, 그렇다면 이제 어떻게 해야 발표를 할 때 긴장하는 걸 줄일 수 있을지 박사님의 비법을 공개할게. 가장 먼저 스스로에게 발표하는 게 싫은 이유를 물어야 해. 혹시 예전에 발표를 할 때 사람들 앞에서 창피를 당한 적이 있었니? 만약 그런 경험 때문에 두려운 거라면 발표에 대한 나쁜 기억을 좋은 기억으로 바꿔야 할 필요가 있어. 그렇다면 어떻게 좋은 기억으로 남을 만큼 성공적인 발표를 할 수 있을까?

발표를 준비할 땐 자신의 강점과 약점을 생각해야 해. 평소 남들 앞에 나서기 좋아하고 활발한 성격이라면 발표 분위기는 좋을지라도, 발표 내용을 충분히 전달하지 못할 수 있어. 그러니 자료 조사를 철저히 하고, 조금은 진지한 자세로 발표해야 할 필요가 있겠지? 만약 재연이처럼 남들 앞에 나서본 경험이 별로 없고, 긴장이 많이 된다면 마음을 편하게 갖고 여유를 잃지 않는 게 가장 중요해.

긴장하지 않기 위해서는 많은 연습을 통해 잘할 수 있다는 자신감을 가질 필요가 있지. 거울을 보면서 연습하거나 동영상을 찍어서 내 모습을 객관적으로 평가해 보는 거야. 가족들이나 친구들 앞에서 실제로 발표를 하며 연습한다면 더욱 좋겠지? 그리고 발표하는 날, 친한 친구의 눈을 마주치며 발표를 시작하면 마음이 조금은 편해질 거란다.

미국의 철학자 에머슨은 '자신감을 잃으면 온 세상이 적이 된다'라고 했어. 다른 사람 앞에 서는 게 두려워 피하다 보면 점점 자신감을 잃게 되고, 결국 온 세상을 피하게 된다는 뜻이지. 일단 성공적인 발표를 하면 그 다음부터는 발표하는 날이 기다려질 정도로 재밌을 거야.

'피할 수 없으면 즐겨라'라는 말, 잊지 말길!

설득 시크릿 ## 자신감의 위력

　자신감은 성공의 제1조건이라고 했어. 학교를 가는 것도, 시험을 보는 것도, 친구들에게 내 이야기를 하는 것도 모두 스스로 해낼 수 있다는 자신감이 있어야 가능한 일이거든. 자신감이 없는 사람은 자신이 가진 능력을 제대로 표현하지 못해. 늘 주눅 들어 있고, 다른 사람의 눈치를 살핀단다.

　역사적으로 업적을 남긴 사람들 중엔 연이은 실패에도 자신감을 잃지 않고 끈질긴 도전 끝에 성공을 거머쥔 경우가 많아. 발명왕 에디슨도, 과학자 아인슈타인도, 비행기를 만든 라이트 형제도 모두 끊임없이 도전했기에 원하던 바를 이뤘지.

　자신감을 가지고 싶다면 이 세 가지를 잊지 마렴. 준비하고, 경험하고, 포기하지 않는 것. 아무 준비도 없이 처음부터 잘 해낼 수 있는 사람은 없단다.

13 사회적 증거의 법칙

반장이 되는 비법이 바로 소문이라고요?

박사님은 어렸을 때 반장 해 보신 적 있으세요? 사실 제가 이번에 아주 큰맘 먹고 반장 선거에 출마했거든요. 망설이다가 출마했는데, 출마하고 보니까 반장이 되고 싶은 마음이 점점 커지는 거예요. 어떻게 하면 반장이 될 수 있을까요? 박사님의 도움이 필요해요.

음, 사실 어렸을 때 내 별명이 심반장이었단다, 껄껄. 항상 반장을 도맡아 하니까 친구들이 그렇게 불렀지. 어떻게 그렇게 계속 반장을 할 수 있었는지 궁금하지? 생각해 보면 난 어렸을 때부터 사람들 마음에 관심이 있었던 것 같아. 사람들이 무슨 마음으로 어떤 행동을 하는지 궁금했단다. 그래서 친구들의 속마음에 대해 먼저 물어보기도 하고, 친구들의 비밀스러운 이야기를 잘 들어주었지. 친구들은 자기 이야기를 술술 털어 놓으면서 덕분에 고민이 해결됐다며 좋아하더구나. 그때 알았단다. 누군가에게 자기 이야기를 털어놓는 것만으로도 고민이 해결될 수 있다는 걸 말이지.

이렇게 친구들 사이에 고민을 털어놓을 만한 믿을 수 있는 친구로 소문이 났고, 해마다 친구들의 추천으로 자연스럽게 반장 선거에 나가게 되었어. 하지만 이렇게 친구들 이야기를 들어주고, 친구들 사이에서 믿음을 얻어 반장이 된다는 건 결코 쉬운 일이 아니야.

사실 이야기를 들어주는 것은 그다지 어렵지 않아. 문제는 이야기를 듣고 비밀을 얼마나 잘 지킬 수 있느냐 하는 거란다. 친구들의 이런저런 비밀스런 이야기를 알고 나면 누군가에게 그 이야기를 하고 싶은 욕구가 생기거든. 하지만 꾹 참아야겠지? 내가 누군가의 비밀을 함부로 이야기했다가는 금세 입이 가벼운 아이로 소문날 테고, 그럼 친구들은 더 이상 나를 믿지 않을 테니 말이야.

반장이 되는 비법을 알려 달라고 했는데 웬 잘난 척이냐고? 비법은 이미 말했단다. 바로 '소문'이지. 사람들은 소문에 아주 약해. 그건 다시 말해서 다른 사람들이 어떻게 행동하고, 생각하는지에 대해 민감하다는 거지.

먼저 재연이가 친한 친구에게 솔직하게 반장이 되고 싶다고 말하는 거야. 왜 반장이 되고 싶은지, 반장이 되면 어떻게 할 것인지 구체적으로 말하면서 그 친구를 재연이를 지지하는 친구로 만드는 거야. 그럼 그 친구가 주변 친구들에게 재연이의 생각을 전달할 수도 있겠지.

"넌 누가 반장이 되었으면 좋겠니?"

반장 선거가 얼마 안 남았을 때 이런 이야기는 자연스럽게 할 수 있잖아. 이렇게 먼저 물어본 후 재연이를 지지하는 친구가 이야기하는 거야.

"난 재연이가 반장이 되었으면 좋겠어. 재연이는 성격도 차분하고, 꼼꼼하고, 친구들도 잘 배려해 주니까 반장을 잘할 수 있을 것 같아."

이런 이야기를 반 친구들 여럿 앞에서 하게 되면 친구들은 저절로 이런 생각을 하게 될 거야.

"아! 다른 애들은 재연이가 반장이 되면 좋겠다고 생각하네. 재연이가 정말 반장감인가 봐."

설득 시크릿 **사회적 증거의 법칙**

사람들은 어떤 상황에서 많은 사람들이 하는 대로 따라 하려는 경향이 있어. 남들이 웃으면 웃는 이유를 몰라도 따라 웃게 되지. 그래서 코미디 프로그램에서는 사람들의 웃음소리를 효과음으로 사용하지. 길을 가다가 사람들이 모여 있으면 일단 같이 멈춰서 무슨 일인가 알아보고 싶어 해. 홈쇼핑 프로그램을 보다가 '마감임박! 주문폭주!'라는 문구를 보면 공연히 전화를 걸고 싶어지지. 다른 사람들도 다 사는 거라면 나도 사야 할 것 같은 생각이 들거든.

이런 마음을 바로 '사회적 증거의 법칙'이라고 해. 많은 사람들이 하는 것을 따라 하고 싶어 하는 심리를 말하지. 사회적 증거의 법칙은 설득을 할 때 유용하게 쓰일 수 있지만, 나 또한 이 법칙에 따라 자신도 모르게 설득될 수도 있으니 한 번 더 생각해 본 후 결정하는 게 좋겠지?

14 메모의 위력

토론을 잘하는 비법이 있나요?

심박사님, 내일 학교에서 토론 수업을 하는데 걱정이에요. 지난번 토론 수업 때는 제 의견을 제대로 주장하지 못해서 상대편 친구에게 밀리고 말았거든요. 이번에는 다른 친구들도 고개를 끄덕일 정도로 제대로 해보고 싶어요. 텔레비전 토론 프로그램에 나오는 사람들처럼 말이에요. 그러면 아마 절 바라보는 친구들의 눈길도 좀 달라지겠죠? 어떻게 하면 토론을 잘할 수 있는지 알려 주세요.

맞아, 토론을 잘하는 사람을 보면 꽤나 멋져 보이지? 토론 프로그램에서 이기는 사람이나, 대통령 선거에 나와 호탕하게 웃으며 이야기하는 후보자들을 보면 말이야. 이때 토론을 잘하는 것이 선거에서 대통령으로 뽑히느냐, 그렇지 않느냐를 판가름하기도 하지.

그렇다면 토론을 잘한다는 건 어떤 걸까? 민우도 대통령 선거할 때 텔레비전에서 대통령 후보들이 나와서 토론하는 걸 본 적이 있을 거야. 5년에 한 번 있으니 아주 귀한 구경이지. 토론의 내용은 다 이해할 수 없어도 흐름상 누가 토론을 잘하는지, 못하는지 느낄 수 있지 않았니? 얼마나 여유를 가지고 침착하게 토론을 하는지 보면 느낄 수 있거든.

자신의 주장을 정확히 이해하고 확신을 가지는 사람은 토론에서도 자신감과 여유를 갖고 논리적으로 이야기하는 법이야. 그러니 상대방이 내 말에 반박을 해도 흔들리지 않고 차근차근 내 이야기를 할 수 있지. 하지만 그 반대의 경우라면 어떨까?

토론을 하면서 화를 내거나 흥분하며 자기주장을 펼치는 사람의 의견은 신뢰가 가지 않을 거야. 그러니 차분하게 반응하는 게 아주 중요해.

또, 토론을 잘하는 사람은 자기 이야기를 혼자 늘어놓는 사람이 아니란다. 만약 그렇게 되면 토론보다는 연설에 가깝겠지? 토론은 자신의 의견이 상대방의 것보다 더 합리적이고 좋은 의견이라는 사실을 상대에게 설득하는 거야. 그리고 그 과정에서 상대방의 의견도 존중하고 열린 자세로 받아들여야 해. 상대방의 생각이 더 좋다면 정정당당히 인정해야 하지.

그런데 자기주장이 너무 강한 나머지 토론 도중 흥분해 이성을 잃는 경우가 많단다. 그렇게 되면 상대가 내 이야기에 설득될 가능성은 상당히 낮아질 거야. 그래서 토론을 할 때 일부러 상대방의 화를 돋우는 사람도 있다고 해. 상대방이 감정적으로 흥분해 논리적으로 이야기하기 힘들어지면 자신이 더 유리해지니까. 조금은 비겁한 방법이 아닐까?

1984년 미국 대통령 선거에서 레이건과 먼데일이 후보로 나와 토론을 할 때였어. 먼데일이 73세의 레이건 후보에게 이렇게 말했지.

"당신은 미국 역사상 가장 나이가 많은 대통령 후보입니다. 1차 토론 이후에 당신은 몹시 피곤해했다고 들었습니다. 위급한 상황이 생기면 며칠씩 잠을 못 자고 일을 해야 할 때도 있을 텐데 이런 일을 잘 해낼 수 있다고 확신하나요?"

나이가 많다는 사실로 공격하는 상대 후보의 말에 레이건은 웃으면서 대답했어.

"저는 이번 선거에서 나이를 문제 삼지 않기로 했습니다. 마찬가지로 먼데일 후보의 젊음과 경험 부족을 정치적 목적으로 이용하지 않을 거거든요."

그러자 모두들 폭소를 터뜨렸고, 먼데일은 더 이상 나이에 대해 언급하지 않았다고 해. 이렇게 자신의 약점을 들며 공격하는 상대방에게 침착함을 잃지 않고 논리적으로, 혹은 재치 있게 대응한다면 상대방은 오히려 기가 팍 죽고 말겠지.

하지만 상대방에게 침착하게 반박하는 건 쉬운 일이 아니야. 이럴 때 메모하는 습관이 매우 도움이 된단다. 머리가 아주 좋아 상대방의 이야기를 모두 기억하고 차근히 반박할 수 있다면 좋겠지만 대부분의 사람들은 모든 이야기를 기억할 수 없거든.

이야기를 들으면서 메모를 하는 게 처음부터 쉽지는 않단다. 이야기는 계속 이어지고, 메모에 집중하다 이야기를 놓쳐버릴 수도 있지. 또 어떤 이야기를 적어둬야 할지 혼란스러울 수도 있어. 모든 이야기를 적으려는 욕심은 버리고, 요점만 간단히 정리하는 게 중요하단다. 핵심적인 단어만 적어 두어도 많은 도움이 될 거야.

설득 시크릿 메모의 위력

캐서린 콕이라는 학자가 역사상 천재라고 알려진 300명의 공통점을 조사했어. 그 결과는 바로 메모하는 습관이었지.

발명왕 에디슨은 자그마치 3,400권의 메모 노트를 남겼고, 미국 역사상 가장 위대한 대통령이라 불리는 링컨은 모자 속에 항상 메모할 수 있는 종이와 연필을 넣어 가지고 다녔다고 해. 영국의 철학자 프랜시스 베이컨은 메모를 해야 하는 이유에 대해 이렇게 말했어.

"느닷없이 떠오르는 생각이 보관해야 할 가치가 있는 귀중한 것이다."

느닷없이 떠오르는 귀중한 생각을 잊지 않기 위해, 친구와의 약속을 잊지 않기 위해, 내가 계획한 일을 잊지 않기 위해, 재미있는 책 속의 내용을 잊지 않기 위해 메모를 해 두면 머릿속으로 기억해야 할 일이 훨씬 적어지기 때문에 홀가분해질 수 있어. 내 머리를 쉬게 해 주어야, 새로운 생각을 할 여유도 생겨나는 법이야.

15 이유 말하기의 법칙

상대방에게 부탁할 때 지켜야 할 예의가 있다고요?

　박사님, 학교만 가면 제 짝꿍 민이 때문에 머리가 다 지끈거려요. 민이는 학교에서 소문난 수다쟁이인데, 잠시도 조용히 안 있고 수업 시간에 자꾸만 말을 걸어요. 제가 모른 척 하면 쿡쿡 찌르고, 쪽지까지 보내요. 공부도 안 되고, 하루 종일 민이 말소리가 귀에서 울리는데 선생님께 짝꿍을 바꿔달라고 해야 할까요? 아니면, 민이한테 화를 내 볼까요? 어떤 방법이 좋을지 알려 주세요.

　이런, 재연이가 수다쟁이 짝꿍 때문에 괴로운 시간을 보내고 있구나. 수업 시간까지 계속 말을 걸고 떠든다니 보통 수다쟁이가 아닌가 봐. 민이의 말을 줄이려면 어떻게 하는 게 좋을까? 생각해 보면 간단한 것 같으면서도 쉽지 않은 일이지. 그만 이야기하라고 화내면 간단히 끝

날 문제일 수도 있지만 친구의 기분도 헤아려야 하니까 말이야.

"내가 언제 떠들었다고 그러니?" 하면서 따지고 들거나, 화가 나 오히려 더 많이 떠들 수도 있겠지. 그렇다고 다짜고짜 선생님께 짝꿍을 바꿔 달라고 말하는 것도 좋은 방법이 아닐 것 같구나. 친구의 자존심이 상할 수도 있거든.

"야! 너 그럴 수 있냐? 내가 언제 떠들었다고 선생님한테 이르냐?" 이러면서 여기저기에 재연이는 고자질쟁이라고 소문을 내고 다닐지 모르지. 이럴 때 할 수 있는 가장 단순하면서도 효과적인 방법은 정중하게 부탁하는 거야. 거기에 왜 이 부탁을 하게 된 건지 그 이유를 함께 말해야 한단다.

"민이야, 부탁인데 수업 시간에는 말 걸지 말아줘. 나 이번 시험 잘 보면 엄마가 강아지 키우는 것 허락해 준다고 약속했단 말이야. 수업 시간에 네가 말 걸면 네 말 듣느라 선생님 말씀을 다 놓치거든. 나 강아지 좋아하는 것 너도 알잖아."

어때, 이렇게 이유를 함께 말하면서 부탁하면 안 들어줄 수 없지 않겠니?

"좀 조용히 해! 너 때문에 공부가 안 되잖아."

이렇게 명령조로 말하면 부탁을 더 들어주기 싫어지는 게 사람 마음이란다.

이유가 거창하지 않아도 돼. 단, 터무니없는 이유를 들면 안 되겠지? 내일 학교에 가서 진심을 담아 민이에게 이렇게 이야기해 봐. 아무리 수다쟁이라도 재연이의 부탁을 들어주기 위해 노력하는 모습을 볼 수 있을 걸? 물론 쉬는 시간에는 맘껏 대화하는 것 잊지 말고!

설득 시크릿   **이유 말하기의 법칙**

학교 도서관 복사기 앞에 학생들이 길게 줄을 서 있는 상황이야. 그 학생들에게 다가가 이렇게 부탁하는 거야.

"실례합니다. 제가 지금 몹시 바쁜데 복사기를 먼저 사용해도 될까요?"

또 다른 줄에 가서는 이렇게 부탁해 보자.

"실례합니다. 제가 복사기를 먼저 사용해도 될까요? 1시간 뒤에 장학금 신청 마감인데, 이 서류 다섯 장을 복사해서 제출해야 하거든요."

어느 줄의 사람들이 더 많이 양보를 할까? 박사님의 의견은 두 번째란다. 사람들은 대개 어떤 행동을 할 때에는 그 행동의 근거가 필요하다고 생각하거든. 이런 심리 때문에 생긴 설득의 전략 중 하나가 '이유 말하기의 법칙'이야. 사소한 근거라도 덧붙이는 게 상대방에게 부탁을 할 때 갖춰야 할 예의라고 할 수 있지.

16 온몸으로 하는 대화

발표할 때 옷까지 신경 써야 한다고요?

박사님, 제가 내일 모둠 대표로 발표를 하기로 했거든요. 그런데 엄마가 불편한 옷을 입으라고 하는 것도 모자라 미용실까지 다녀오라고 하는 거예요. 발표 준비만 잘하면 됐지 도대체 옷은 왜 신경 써야 하나요? 엄마는 기왕이면 다홍치마라고 겉보기에 멋있어야 사람들이 이야기도 잘 들어준다고 하는데 전 솔직히 이해가 안 가요. 발표만 잘하면 되는 것 아닌가요?

그래, 박사님도 경현이의 의견에 동의한단다. 외모보다는 내실이 중요한 것 아니겠니? 물론 이 박사님이 외모가 그렇게 잘난 편이 아니라 그런 것만은 아니고, 하핫.

그렇지만 안타깝게도 많은 연구 결과들은 경현이 엄마의 말이 옳다고 말해 주고 있어. 모르는 사이에서 외모가 인간관계를 맺는 데 큰 영향을 주고, 예쁜 여자나 잘생긴 남자들이 상대방을 더 잘 설득한다고 하거든.

초면인 남자와 여자 커플을 대상으로 실험을 한 결과, 두 번째 데이트를 신청하는 경우의 89%가 상대방의 외모에 호감을 가졌기 때문이라고 해. 그렇다고 크게 실망할 필요는 없단다. 사람들에게 호감을 주는 방법은 다양하거든.

일단 엄마의 말씀대로 단정하고 내게 어울리는 옷을 입는 게 좋아. 물론 경현이가 자주 입는 청바지에 면 티셔츠보다 불편할 수 있겠지만 하루쯤은 내 발표를 들어주는 친구들을 위해 조금 더 멋진 모습을 보여주는 게 좋지 않을까? 참고로 내 이야기를 들어줄 친구들이 좋아할 만한 의상을 입는 게 좋겠지?

그 다음으로 중요한 건 목소리야. 아무리 멋지고 예쁜 사람이 옷을 차려입고 단상에 섰어도 목소리가 모기 소리만 하다거나 기차 화통을 삶아 먹은 것 마냥 요란스럽다면 아무 소용이 없을 거야. 모두가 편안하게 이야기를 들을 수 있도록 적당한 목소리로, 높낮이를 조절하며 말해야겠지?

경현이가 기억해야 할 사실이 또 있는데, 바로 말하는 속도란다. 사람들은 긴장하면 빠르게 말하는 경향이 있는데, 이런 경우 이야기를 듣는 사람들은 무슨 이야기인지 알아듣기 힘들거든. 중요한 이야기를 할 때일수록 천천히 강조하며 이야기해야 사람들의 귀에 쏙쏙 들어간단다. 하지만 그렇다고 너무 느리게 이야기하면 듣는 친구들도 답답하겠지?

마지막으로 가장 중요한 게 또 있어. 위에서 이야기한 것처럼 멋지게 꾸미고 목소리를 신경 써도 너무 긴장한 나머지 꽁꽁 얼어붙어서 친구들과 눈 한 번 못 마주치고 대본만 줄줄 읽다 내려오는 경우라면 그 노력이 물거품 될지도 몰라. 발표를 할 때는 내 이야기를 듣는 사람들과 눈도 마주치고, 질문도 섞어가며 반응을 살피는 게 좋아. 듣는 사람이 내 말에 귀 기울일 수 있도록 말이지.

발표 한 번 하기 참 어렵다고? 하지만 경현이가 발표를 잘해서 친구들과 선생님 앞에서 으쓱해지는 상상을 해 봐. 스스로가 매우 자랑스럽겠지?

오늘은 엄마 말처럼 미용실도 다녀오고, 깨끗이 샤워한 후 편안히 잠자리에 드는 게 좋을 것 같구나. 내일 아침 입을 옷도 미리 마련해 놓고 말이지. 당당한 경현이가 뿜어내는 자신감은 경현이를 누구보다도 멋져 보이게 할 거란다.

설득 시크릿 — 온몸으로 하는 대화

사람들이 대화할 때 입으로 말하는 것만이 대화는 아니야. 말하는 사람의 표정, 몸짓, 억양 여기에 외모까지 모두 대화의 일부가 된단다.

엄마에게 60점 맞은 시험지를 보여드린 상황이라고 해 보자. 시험지를 보자마자 엄마가 "참 잘했다!"라고 말씀하셨다면 이것은 어떤 뜻일까? 그 상황을 직접 보지 않는 이상 알 수 없을 거야.

만약 엄마가 팔짱을 꼬고 시선을 위아래로 훑어보면서 말씀하셨다면 틀림없이 점수가 불만족스러우신 거겠지? 하지만 따뜻한 목소리와 눈빛으로 말씀해주신 거라면 칭찬일 거야. 그래서 대화를 할 때는 말뿐 아니라 다양한 것들을 신경 써야 하지.

의사소통 전문가들 중에는 대화에서 말이 아닌 다른 것들이 더 중요하다고 주장하는 사람들이 많아. 그러니 발표나 토론 등을 준비할 때는 외모와 몸짓, 말투까지 신경 쓰는 게 좋겠지?

상대방을 설득하려면 상대방이 자신의 이야기에 귀 기울이게 만드는 힘이 필요하거든.

3장 대중 설득 테스트

 **동생이 내 방에 들어와서 내 물건을 함부로 만질 땐 어쩌지?**

동생이 말도 없이 내 물건을 들고 가서 잃어버리기 일쑤야. 아무리 말해도 듣지 않는데 동생을 변화시킬 방법이 없을까?

이유를 조목조목 말하기!

동생에게 무조건 물건을 가져가지 말라고 하는 건 별 도움이 안 될 것 같아. 동생에게 내가 왜 물건이 필요한지, 없어지면 어떻게 되는지 조목조목 이유를 들어가며 말하는 거야. 바로 이렇게 말이지.

"태영아, 네가 내 방에서 물건을 말도 없이 가져가서 요즘 얼마나 고생인줄 알아? 지난번 네가 가져가서 잃어버린 물건은 심지어 내 친구 지영이 물건이었어. 지영이네 아버지가 외국 출장 다녀오시면서 사 오신 선물인데 그걸 잃어버렸으니 내가 얼마나 곤란했는지……. 미리 챙겨놓은 학교 준비물도 아침에 없어져서 찾다 지각까지 했잖아. 그러니 앞으로는 물건을 가져가기 전에 먼저 이야기해 줘."

 **부탁을 거절하면 친구와 멀어질까봐 걱정이 된다고?**

얼마 전 태연이라는 친구가 한솔이라는 친구와 놀지 말라고 해서 이유를 묻고 납득이 가지 않는다고 거절했었어. 그런데 태연이와도 친하게 지내고 싶은데 부탁을 거절했다고 멀어질까 봐 걱정이 돼. 어떻게 해야 좋을까?

거절 후에도 문제에 관심을 보여라!

태연이에게 이유가 납득이 가지 않는다며 거절하긴 했지만 사실 태연이 입장에서는 기분이 나쁠 수도 있는 일이야. 이럴 땐 거절한 이후에도 문제에 관심을 갖고 있다는 모습을 보여주는 게 좋아. 이렇게 말이야.

"요즘은 한솔이와 어떻게 지내? 사실 지난 번 네 부탁 거절해서 마음에 걸렸어. 한솔이도 좋은 앤데 둘이 오해를 하고 있는 것 같아. 내가 도와줄 수 있는데 어떻게 생각해?"

누가 대통령이 되었을까?

　1960년 미국에서 최초로 대통령 후보들이 토론을 하는 장면이 텔레비전과 라디오에서 동시 방송되었어. 그때 대통령 후보로 나온 사람들이 역사 속의 라이벌이라고 불리는 케네디와 닉슨이었지.

　닉슨은 머리가 좋고, 정치 경험이 많은 사람이었어. 케네디는 닉슨에 비해 경력은 부족했지만 '가장 잘생긴 하원의원 상'을 받을 정도로 인물이 좋았지. 두 사람이 토론하는 모습이 텔레비전과 라디오에서 각각 방송되었을 때 사람들이 대통령감으로 선택한 사람은 달랐어.

　텔레비전 시청자들은 대통령 감으로 케네디를 선택했어. 수려한 외모와 현란한 말솜씨 덕분이었지. 한편, 라디오 청취자들은 닉슨의 승리를 예상했어. 풍부한 행정 경험으로 케네디보다 논리적으로 주장을 펼쳤거든. 과연 누가 대통령이 되었을까?

 이야기를 할 때 중요한 요소

　결국 35대 대선의 승리를 거머쥔 건 케네디야. 사람들이 외모에 얼마나 영향을 많이 받는지 알겠지? 이처럼 이야기를 할 때는 말의 내용뿐만 아니라 외모나 말투, 억양, 자세 등 다양한 요소가 영향을 끼쳐. 그래서 사람들은 중요한 발표나 토론 자리에서는 외모에 신경을 쓰곤 하지.

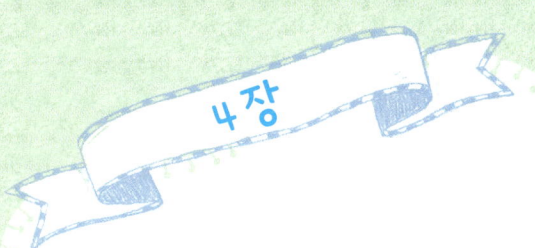

4장

내 마음을 성장시키는 설득 시크릿

17 프레임의 법칙

불만거리를 자랑거리로 바꾸는 비법이 있다고요?

전 제 자신이 너무 마음에 안 들어요. 제 외모부터 시작해서 모든 게요. 다리도 너무 뚱뚱하고 눈도 작아요. 가난한 우리 집도 맘에 안 들어요. 우리 집이 조금 더 부자였으면 좋겠어요. 제가 다니는 학교도 맘에 안 들어요. 공부를 너무 많이 시켜요. 대한민국에 태어난 것도 맘에 안 들어요. 미국에서 태어났더라면 영어 공부 따로 안 해도 되잖아요. 솔직히 말하면 엄마도 맘에 안 들어요. 잔소리가 너무 심한데다, 이렇게 맘에 안 들게 나를 낳아 줬잖아요. 온통 맘에 안 드는 것뿐인데, 어떡하면 좋아요?

자, 태은이 앞에 지금 두 사람이 있다고 생각해 보자꾸나. 한 사람은 태은이처럼 이것저것 불만이 많아. 맘에 안 드는 게 너무 많아 항상 툴툴거리지. 입도 삐죽 나와 있고, 이마도 찌푸리고 있어. 다른 한 사람은 항상 웃으며 작은 일에도 기뻐하고 감사해. "고마워", "좋아", "감사해요"라는 말들을 많이 하지.

　태은이는 이 둘 가운데 누구와 친구 하고 싶니? 아마 작은 일에 감사하고 기뻐하는 두 번째 사람과 친구가 되고 싶을 것 같은데. 매사에 툴툴거리는 사람하고 함께 있으면 나까지 기분이 안 좋아지게 마련이거든. 그 사람의 짜증과 분노가 고스란히 나에게 전달되서 말이야.

　그렇다면 태은이는 어떤 사람이 되고 싶은지 생각해 보자. 늘 화가 잔뜩 나 있는데다, 주변에 친구도 별로 없는 그런 사람이 되고 싶니? 아니면 작은 일에 기뻐하고 감사하며 사람들과 활발히 어울리는 그런 사람이 되고 싶니? 대답은 너무나 당연할 것 같구나.

　그런데 불만을 안 가지려고 해도 불만거리가 자꾸 생기는 걸 어쩌냐고? 그럴 땐 먼저 바로잡아야 할 게 있단다. 바로 불만을 바라보는 관점을 바꾸는 거야.

　태은이의 첫 번째 불만은 바로 외모였어. 다리가 퉁퉁하고 눈도 작아 맘에 들지 않는다고 했지. 태은이 다리가 다른 친구들에 비해 굵은 편이 사실이라고 해도 그건 절대 흠이 아냐. 오히려 튼튼한 하체로 달리기를 조금 더 잘할 수도 있고, 박사님 나이 정도가 되면 생기는 관절염도 늦게 온단다. 하핫. 내 친구 중 다리가 굵어 고민하던 친구가 있었는데 그 친구는 여전히 날렵하게 달리기를 잘 하더구나. 음, 조금 나아지긴 했지만 그걸로 부족하다고? 이번에는 눈을 한번 살펴보자.

"나는 눈이 작다. 그렇지만, 시력은 좋다."

"쌍꺼풀이 없는 내 눈이 오히려 매력적으로 느껴진다."

어때? 그렇다면 다른 불만들은 또 어떨까?

"우리 집은 부자가 아니다. 그렇지만, 가난하지도 않다."

"난 대한민국에 태어나 영어 공부를 해야 한다. 그렇지만 한국어를 따로 배우지 않아도 된다. 게다가 한글은 세계에서 가장 과학적인 언어이다."

"우리 학교는 공부를 너무 많이 시킨다. 그렇지만, 급식이 아주 맛있다."

"우리 엄마는 잔소리가 너무 많다. 그렇지만, 요리를 아주 잘하신다."

어때, 기분이 좀 나아졌니? 이렇게 자신이 불만족스럽게 느끼는 사실들을 적어 놓고, 그 사실을 새로운 관점에서 바라보려고 노력한다면 반드시 긍정적인 부분을 찾을 수 있어. 그렇다면 갖고 있던 불만도 모두 사라지겠지?

설득 시크릿 프레임의 법칙

'프레임의 법칙'은 설득을 할 때도 매우 유용해. 상대방의 관점을 바꿈으로써 내 이야기의 설득력을 높일 수 있거든. 미국에서 널리 알려진 우화를 보면 알 수 있단다.

랍비와 신도가 함께 예배를 드리러 가는 길이었어. 신도는 랍비에게 물었지.

"기도 중에 담배를 피워도 될까요?"

랍비는 엄한 표정으로 대답했어.

"기도는 하나님과 나누는 엄숙한 대화인데 기도 중에 담배를 피우다니, 절대 안 될 일이라네."

이 이야기를 전해들은 다른 신도가 다음 날 예배드리러 가는 길에 이렇게 물었대.

"담배를 피우는 중에 기도를 하면 안 되나요?"

그러자 랍비는 환한 미소를 띠며 대답했어.

"기도는 때와 장소를 가리지 않는 법이지. 담배를 피우면서도 얼마든지 기도할 수 있지 않겠나?"

18 실수의 힘

실수에 더 큰 설득력이 있다고요?

안녕하세요, 심박사님. 저 큰 고민이 있어요. 내일 수학 시간에 제가 앞에 나가서 문제를 풀기로 했거든요. 저번 주에도 문제를 틀리게 대답해 망신을 당했는데, 내일 친구들 앞에서 또 문제를 틀릴 생각을 하면 눈앞이 깜깜해요. 혼자서 공책에 풀 땐 잘 푸는데, 사람들 앞에서 풀려면 다 아는 것도 자꾸만 틀려요. 내일 생각만 하면 벌써부터 입맛도 없고, 심장이 쿵쿵 뛰는데 어떻게 해야 할까요?

평상시 친구들이랑 이야기 할 때는 잘하다가도 자리에서 일어나거나 앞에 나가면 얼어붙어 아무 말 못하는 친구들이 종종 있지? 재연이도 혼자서는 어려운 수학 문제를 잘만 푸는데 선생님께서 시킬 때 자꾸 틀리는 걸 보면 긴장하는 마음부터 풀어야 할 것 같구나.

왜 사람들 앞에만 서면 떨리고 긴장되고 그럴까? 바로 실수하지 않고 잘하고 싶은 마음 때문이야. 실수하면 어쩌나 하는 생각으로 긴장하게 되고, 그러면 실수할 확률도 더 높아진단다. 그럴 땐 무엇보다 스스로 잘할 수 있다고 믿는 게 중요해. 난 잘 할 수 있어! 스스로 격려하고 믿으면 떨리는 마음이 좀 가라앉지. 그런데 그냥 무턱대고 믿으면 나 자신도 스스로에 대한 확신이 없을 거야. 중요한 것은 자신을 믿을 수 있을 만큼 준비를 하는 거지. 우선 내일 수학 시간에 공부할 내용을 미리 예습하고, 예상 문제를 풀어보는 거야. 연습은 실수에 대한 두려움을 줄여 준단다.

그런데 이 박사님의 생각으로는 재연이가 수학 문제 하나쯤 틀린다고 해서 선생님께서 크게 나무라시거나 친구들이 놀릴 것 같지는 않구나. 원래 사람들은 다른 사람의 일에는 크게 관심을 두지 않는 법이거든. 특히 수학 시간에 문제를 잘못 푸는 사소한 실수는 하루도 채 못 가 대부분의 기억 속에서 잊힐 만한 일이야. 그러니 실수도 가볍게 웃음으로 넘기는 여유를 가져 보는 건 어떨까?

그런데 실수를 했는데 어떻게 웃음이 나오냐고? 그랬다가는 친구들이 더 놀리고 말 거라고? 실수했을 때 '큰일 났다. 애들 앞에서 완전 망신이네.' 이렇게 생각하면 표정도 얼어버리고, 머릿속이 엉망진창이 되고 말 거야.

"앗! 너무 잘 보이고 싶은 마음에 긴장을 해서 실수를 하고 말았어요."

웃으면서 이렇게 넘어간다면 파랗게 질려 선채로 얼음이 되는 것보다 훨씬 분위기가 좋아질 거야.

미국의 전 대통령 레이건의 부인인 낸시 레이건이 어느 날, 무대 위에 올라가다가 넘어진 일이 있었어. 부인은 부끄러움으로 온몸이 빨개져서 어쩌지 못하고 있었지. 그때 전 대통령 레이건이 큰 소리로 이렇게 말했대.

"분위기가 썰렁해서 웃음과 박수가 필요하면 넘어지기로 우리 약속했잖아요."

사람들은 모두 웃으면서 박수를 쳤단다.

이렇게 실수했을 때는 레이건 대통령처럼 가벼운 농담을 하는 게 도움이 돼. 농담으로 넘어가기엔 조금 심각한 실수를 했다고? 그럴 때는 정중하게 인정할 필요가 있단다. 실수를 인정한다는 것이 바로 실수를 바로잡을 수 있는 가능성이 있다는 것을 보여주는 거니까 말이지.

설득 시크릿 실수의 힘

긴급 상황에서 재빠르게 올바른 판단을 해야 하는 소방관을 위해 교육 프로그램을 만든 연구팀의 실험 사례야.

소방관들은 두 그룹으로 나뉘어 교육받았는데, 이때 한 그룹은 성공 사례로, 다른 한 그룹은 실패 사례로 교육받았다고 해.

그 결과 실패 사례를 통해 교육 받은 소방관들의 판단력이 더욱 향상

되었다고 하는데, 이는 실수가 가진 힘 때문이야. 실패 사례로 교육 받은 소방관들은 다른 사람들이 과거에 저지른 실수에 대해 배우면서 자신들도 언제든지 똑같은 실수를 할 수 있다는 것을 깨달았지. 그래서 교육 내내 더 집중하고, 배운 내용을 더 오래 기억할 수 있었던 거야.

 실수는 특히 다른 사람을 설득할 때 큰 힘이 있어. 실수를 포함한 무용담을 늘어놓으면 상대방의 경계심을 풀 수 있고, 누구나 그런 상황에 처할 수 있다는 자각을 하게 만들어 상대방을 내 이야기에 몰입하게 만들 수 있다고 하거든.

 이제 실수가 꼭 나쁜 것만은 아니란 것을 알겠지?

19 나를 사랑하는 마음

다른 사람이 자꾸 신경 쓰일 땐 어쩌죠?

박사님도 다른 사람들이 박사님한테 뭐라고 하는지 그런 게 신경 쓰이세요? 전 자꾸 그런 게 신경 쓰여요. 오늘 점심시간에 화장실 다녀오는데 친구들끼리 동그랗게 모여서 수다를 떨고 있는 거예요. 평소 친하게 지내던 애들이라 반갑게 다가가 인사했는데 모두들 말을 딱 멈추는 것 있죠? 순간 기분이 이상해지더라고요. 애들이 혹시 제 흉을 보고 있던 건 아닐까 하는 생각에 너무 기분이 나빠졌어요. 별 것 아닐 수도 있는데 이런 것 하나에 신경 쓰는 제가 싫기도 하고요. 어쩌면 좋죠?

사람들은 누구나 다른 사람들을 신경 쓰며 살아가. 도연이만 그런 게 아니란다. 누구나 그 정도의 차이가 있을 뿐이지 아무도 신경 쓰지 않고 살아가는 사람은 없을 거야. 자기 자신이 다른 사람들에게 조금이라도 멋져 보이고 싶고, 좋은 사람으로 비춰지길 원하지. 그래서 외모를 가꾸고, 예의를 갖추며 사람들에게 친절히 대하는 거야. 세수도 안 하고, 양치도 안 하고, 옷도 제대로 안 입고 밖에 나가면 엄마가 이렇게 말할 것 같구나.

"그러고 나가면 사람들이 뭐라고 하겠어?"

맞아. 우리는 행동을 하기 전 다른 사람의 시선을 생각하며 결정해. 그런데 어차피 내 인생인데 왜 다른 사람들을 신경 써야 하냐고?

태어나면서부터 누구의 시선도 신경 쓰지 않고 내키는 대로 살아온 사람이 있다고 생각해 보렴. 자신의 행동이 다른 사람에게 어떤 영향을 끼칠지, 어떤 문제를 일으킬지 생각하지 않는다면 남들에게 피해를 주지는 않을까?

다른 사람의 시선을 신경 써야 하는 이유는 함께 살아가는 사회에서 자신의 행동이 다른 사람에게 어떤 영향을 줄 수 있는지를 생각해야 하기 때문이야. 결국 다른 사람의 입장이나 상황을 생각하고 이를 배려하기 위해 어느 정도 타인의 시선을 신경 써야 할 필요가 있는 거지.

물론 다른 사람의 시선을 지나치게 의식하면 또 다른 문제가 생겨. 매사에 다른 사람의 시선을 의식하면 내가 점점 사라지게 되거든. 내가 무엇을 원하는지, 내가 무엇을 생각하는지, 나에게 중요한 것은 무엇인지 생각하지 않고 다른 사람이 무엇을 원하는지, 다른 사람이 어떤 생각을 하는지만 생각하게 되지. 이렇게 되면 나는 없고 다른 사람의 생각에 따라 살게 돼. 마치 꼭두각시 인형처럼 말이야.

이 세상에서 제일 중요한 존재는 바로 나 자신이야. 내가 없으면 세상도 없잖니? 오늘처럼 다른 사람의 시선이 신경 쓰이고, 다른 사람들이 나에 대해 안 좋은 이야기를 할까 불안한 마음이 들 땐 자신에게 이야기 하는 거야.

"이 세상에서 제일 중요한 사람은 나 자신이다. 내가 있어야 다른 사람도 있는 거고 세상도 있다."

자신을 소중하게 여기는 사람만이 다른 사람도 소중하게 여길 수 있단다. 나에게 내가 소중하듯 다른 사람에게는 그 자신이 소중하다는 것을 알거든. 도연이에게 세상의 중심은 어느 누구도 아닌 바로 너 자신이잖니? 세상의 중심이 너 자신인데 뭐가 두려울 게 있겠어. 내일 친구들을 찾아가 왜 그랬는지 이유를 묻고 오해를 풀어 보렴. 설사 내 이야기를 했다고 해도 당당하게 맞서 이야기하는 거야.

설득 시크릿 — 나를 사랑하는 마음

자신감 있고 당당한 태도로 말하는 사람들의 이야기는 왠지 더 신뢰가 가. 자신감 없고 주눅 든 것처럼 말하는 사람들의 이야기는 그 이야기의 내용과 상관없이 의심이 생기지. 이처럼 다른 사람을 잘 설득하기 위해서, 자신을 잘 표현하기 위해서 가장 중요한 것은 스스로 당당한 태도야.

<u>스스로 당당한 태도</u>는 바로 나 자신을 사랑하는 것에서부터 시작해. 월드비전의 구호팀장 한비야는 자신의 책『그건 사랑이었네』에서 이렇게 말했지.

"비교해서 잘났거나 뭘 잘해서가 아니라 그냥 나라는 사람의 소소한 부분이 마음에 든다. 나는 우선 한 씨라는 게 마음에 든다. 공 씨나 노 씨나 변 씨면 어쩔뻔 했나. 공비야, 노비야, 변비야보다 한비야가 백번 낫지 않은가. 나 씨, 단 씨, 왕 씨였다면 나비야, 단비야, 왕비야가 될 수도 있었겠지만 역시 비야는 한비야가 딱이다. 또 내가 58년 개띠라는 것도 마음에 든다. 내가 셋째 딸이라는 것도 마음에 든다."

자, 이제부터 거울 속에 비치는 내 모습 중 사소한 부분부터 예쁜 곳을 찾아 보는 거야. 손가락, 발가락, 귀, 심지어 점이 난 모양까지 말이야. 외모뿐 아니라 내가 가진 작지만 소소한 자랑거리들을 찾다 보면 하루가 모자랄지도 몰라. 그러다 보면 자연스레 자신감이 샘솟아 당당한 태도를 갖게 되겠지?

20 질문의 힘

질문에 답하다 보면 스스로 설득된다고요?

 박사님, 오늘 학교에서 무척 괴로운 일이 있었어요. 수업 시간에 자신의 꿈에 대해 발표를 했거든요. 친구들 모두 자신의 꿈을 신 나게 이야기 했는데 저만 발표를 못했어요. 아무리 생각해도 제가 되고 싶은 게 뭔지 모르겠더라고요. 제가 발표를 못하고 머뭇거리자 짝꿍 수이는 답답하다며 뭐라도 적으라는 거예요. 하지만 제 꿈인데 아무 거나 적을 수는 없잖아요. 발표도 못하고, 친구들은 답답한 눈길로 쳐다보고, 선생님은 왜 꿈이 없니 자꾸 물어보시고, 정말이지 할 수만 있다면 그대로 사라지고 싶었어요. 박사님, 어떻게 해야 제 꿈을 찾을 수 있을까요? 좀 알려 주세요.

어른들은 아주 어린 꼬마들에게도 이런 질문들을 한단다.

"너 이다음에 커서 뭐가 될래?"

그럴 때 아이들은 혀 짧은 소리로 나름의 꿈을 이야기하지.

"선생님이요." "엄마요." "가수요." "과학자요." "발레리나가 될래요."

그럼 어른들은 허허, 웃으며 "그 녀석 참 야무지네. 그래, 꼭 꿈을 이루길 바란다."라고 하겠지? 하지만 어린 꼬마가 꾸는 그 꿈이 진짜 그 아이의 꿈이라고 생각하지는 않을 거야. 아직 꿈을 정하기에는 너무 어린 나이니까.

자기가 하고 싶은 일을 찾기까지는 많은 시간이 걸려. 그 전까지는 꿈이 수시로 바뀌지. 생각해 보면 내 어린 시절에도 꿈이 참 자주 바뀌었던 것 같구나. 하루는 소방관이 되고 싶었다가, 또 하루는 요리사가 되고 싶었다가, 또 얼마간은 수의사가 되고 싶기도 했지. 그렇게 이런저런 꿈을 꾸다가 결국 심리학을 공부하기로 결심했고, 지금은 박사까지 되었으니 이 정도면 꿈을 이룬 셈이지?

태은이네 반 친구들이 자신 있게 자신의 꿈을 이야기했다고 하지만 그 친구들 가운데 자신의 진짜 꿈을 찾은 친구들은 많지 않을 거야. 그러니 절대 걱정은 하지 마렴. 심지어 요즘은 꿈을 찾지 못해 방황하는 어른들도 많거든. 태은이가 꿈이 무엇인지 알 수 없어 괴로웠다는 건 진짜 꿈을 찾기 시작했다는 증거이기도 하니 박사님의 생각에는 오히려 다른 사람들보다 빨리 꿈을 찾을 수도 있을 것 같구나.

자신이 어떤 사람이 되고 싶은지, 무엇을 하며 살 것인지를 결정하는 것은 결코 쉬운 일이 아니야. 많은 시간 골똘하게 생각하고, 많은 경험을 해야만 가능하지.

무엇을 생각해야 하냐고? 바로 자기 자신에 대해 생각해야 해. 내가 무엇을 잘하는지, 어떤 일을 할 때 기뻐하는지, 나한테 중요한 것은 무엇인지, 무엇을 싫어하는지를 스스로에게 끊임없이 물어야 한단다.

좋아하는 일, 싫어하는 일을 분명하게 알기 위해서는 일단 경험을 해 봐야겠지? 실제로 경험해 보지도 않고 상상만으로 좋아하는지 싫어하는지 알 수는 없으니까. 어떤 일을 경험한 후에는 스스로에게 이렇게 묻는 거야.

"나는 이 경험을 좋아하는가? 싫어하는가?"

"좋아한다면, 어떤 점에서 좋아하는가?"

"싫어한다면, 무엇이 싫은가?"

이런 질문을 계속 하다 보면 자신이 하고 싶은 일의 방향을 찾게 될 거야. 경험하고, 질문하고, 나 자신에 대해 끊임없이 생각하기! 그것이 꿈을 찾는 지름길이란다.

설득 시크릿 — 질문의 힘

누군가를 설득하는 최선의 방법 중 하나는 바로 상대방이 스스로 설득하게 만드는 거야. 어떻게 해야 하냐고? 질문에 그 답이 있어.

질문을 통해 상대방이 스스로 동기를 만들어 내면 그 어느 설득보다 강력한 힘이 있다고 해. 응급실 의사들이 알코올 중독 환자들을 치료하기 위한 방법으로 질문을 활용한 사례가 있지.

짧은 시간 동안 환자들을 만나는 응급실 의사들은 몇 가지 질문을 하면서 알코올 중독 환자들이 스스로 술을 줄이도록 만들었어. 바로 술을 줄여야 할 개인적인 동기를 찾도록 유도한 거야. 사람들은 분명한 동기가 있을 때 비로소 행동으로 옮기거든. 그 동기가 가족, 친구, 혹은 그 자신을 위한 것이든 술을 줄여야겠다는 마음을 확고히 만들어 준 것이 중요해.

덕분에 응급실 의사들은 7분 이내의 대화로 환자들의 음주 습관을 절반 가까이 개선시켰다고 해. 단 몇 가지 질문이 이렇게 큰 효과가 있다니 놀랍지? 질문의 힘은 이렇게 크단다.

21 끌어당김의 법칙

꿈을 이뤄 가는 내 모습을 상상하라고요?

박사님 덕분에 제가 하고 싶은 일이 무엇인지 깨닫게 된 것 같아요. 제가 지금까지 가장 좋아했던 일이 무엇일까 생각해 봤는데 바로 옷과 관련된 일이었어요. 친구들과 집에서 패션쇼를 하며 놀던 일, 엄마와 함께 옷 사러 가는 일이 가장 기다려졌고, 저녁마다 내일 아침 무슨 옷을 입을지 이것저것 옷을 꺼내 코디해 보는 일이 참 좋았어요. 친구들 집에 놀러가서 친구에게 어울리는 코디를 제안하는 것도 재밌었고요. 그래서 전 이제부터 패션 디자이너를 꿈꿔 보려고요. 그런데 막상 꿈을 정하고 나니 어떻게 노력해야 할지 앞이 깜깜해요. 패션 디자이너가 되는 일은 매우 어렵다고 들었는데 제 꿈을 이루지 못하게 되면 어쩌죠?

태은이가 하고 싶은 일을 찾았다니 듣던 중 반가운 소식이구나.

꿈을 찾지 못했을 때는 꿈만 찾으면 모든 게 다 해결될 것 같았는데, 막상 꿈을 정하고 나니 또 어떻게 이뤄야 할지 참 막막하지? 태은이가 얼른 패션 디자이너가 되고 싶은 마음은 이해하지만 조금은 진정해야 할 필요가 있단다.

꿈을 이뤄가는 과정 자체를 즐겨 보는 건 어떨까? 하루하루 꿈에 다가가는 태은이의 모습을 상상해 봐. 매일 아침 일어나는 일이 기다려질 거야. 키가 자라고 몸이 자라듯 꿈도 함께 성장하며 태은이가 커가는 모습을 상상하니 벌써부터 흐뭇해지는데?

독일의 유명한 문학가 괴테는 이런 말을 했다고 해.

"꿈을 계속 간직하고 있으면 언젠가 실현이 된다."

인도의 민족 운동 지도가인 마하트마 간디도 이렇게 말했지.

"인간은 생각의 결과물일 뿐이다. 그가 생각하는 것이, 바로 그가 될지어다."

꿈을 이루기 위해서는 꿈을 계속 간직하고 있는 것이 가장 중요하단다. 꿈을 이루어 나가는 그 과정이 힘들고 어렵더라도 절대 포기하지 않고 꿈을 계속 간직하는 것이야말로 가장 힘든 일이거든.

두 번째로, 꿈을 이룬 네 자신의 모습을 구체적으로 머릿속에 그려 보는 거야. 지레 겁부터 먹으면 그 걱정은 다른 걱정을 낳아 불안감만 커지게 된단다.

꿈을 생각하고, 꿈을 이룬 자신의 모습을 생각하면 거기서부터 꿈을 이룰 수 있는 긍정적인 에너지가 나온다고 해. 그 에너지는 태은이가 꿈을 향해 한 발짝, 한 발짝 내딛을 수 있는 원동력이 될 거야.

자신에게 스스로 묻고 답하는 많은 시간을 통해 자신이 정말 하고 싶은 일을 찾았다면, 잊지 않고 꼭 기억해야 할 것은 두 가지야.

첫 번째로, 꿈을 포기하지 않고 간직하는 것!

두 번째로, 꿈을 이룬 자신의 모습을 구체적으로 상상하는 것!

이 두 가지를 마음 속 깊이 새긴다면 꿈은 현실로 이루어질 거란다.

> 설득 시크릿

끌어당김의 법칙

"왜 자꾸 나에게만 이런 일이 일어날까?"

"그 일만큼은 일어나지 않았으면……."

이런 걱정을 하는 사람들은 나도 모르게 부정적인 생각에 에너지를 쏟게 돼.

"나는 그 일이 하고 싶어."

"꼭 이렇게 되었으면 좋겠어."

이렇게 긍정적인 생각을 하면서 머릿속에 머무르게 되는 긍정적인 생각이 삶의 방향도 바꾼다고 해.

이처럼 부정적인 생각이 부정적인 결과를 만들고, 긍정적인 생각이 긍정적인 결과를 만들어 내는 것을 바로 '끌어당김의 법칙'이라고 한단다.

이 법칙은 나 자신을 설득하는 좋은 방법이기도 해. 끌어당김의 법칙을 지키려고 노력하다 보면 나쁜 생각은 하나씩 버리게 되거든. 머릿속에 좋은 생각만 가득하면 나도 모르는 사이에 내 주위엔 좋은 일들만 가득할 거야.

4장 내 마음 설득 테스트

 이 상황에서 어떤 긍정적인 생각을 할 수 있을까?

1. 열심히 공부를 하고 시험을 보았는데 60점을 맞았다.
2. 이른 아침에 시계 알람 소리가 시끄럽게 울린다. 눈은 떠지지 않고 알람 소리는 시끄럽다.
3. 작년 크리스마스에 선물 받은 구두를 처음으로 꺼내 신었는데 작다.

 생각의 관점을 바꿔 봐!

1. 괜찮아. 다음 번 시험엔 성적이 훨씬 더 많이 올라갈 수 있을 거야.
2. 아침부터 일찍 일어나 학교에 갈 수 있고, 나를 반겨주는 친구들이 있어서 행복해.
3. 한 번도 안 신었으니 알뜰 바자회에 팔 수도 있고, 동생한테 새 신발을 물려줄 수도 있겠다.

 내 꿈을 찾아줄 질문이 뭘까?

지금까지 살면서 경험한 것들을 떠올려 보면 내가 좋아하는 일을 찾을 수 있다고 해. 그런데 어떤 질문을 해야 내 꿈을 찾을 수 있을지 막막해. 내 꿈을 찾아 줄 질문에는 어떤 것들이 있을까?

 좋았던 일, 싫었던 일부터 생각해 봐!

이번 주에 있었던 일 중 가장 즐거웠던 일은 무엇일까?
가장 좋아하는 수업과 그 이유는 무엇일까?
선생님과 친구들에게 잘했다고 칭찬받았던 일은 어떤 걸까?
내 인생에서 가장 중요한 건 무엇일까?
다시는 하기 싫은 일이 있다면 무엇일까?

 빈칸에 들어갈 단어는 무엇일까?

다음 명언들에 공통적으로 들어가는 단어는 무엇일까?

좋은 일을 （　）하면 좋은 일이 생긴다. 나쁜 일을 （　）하면 나쁜 일이 생긴다. 여러분은 여러분이 하루 종일 （　）하고 있는 것, 바로 그것이다.
―조셉 머피

할 수 있는 것도 할 수 없다고 （　）하면 할 수 없는 것이다. 할 수 없는 것도 할 수 있다고 믿기에 할 수 있는 것이다.
―미야케 세츠레이

사람들이 꿈을 이루지 못하는 한 가지 이유는 그들이 （　）을 바꾸지 않으면서 결과를 바꾸려고 하기 때문이다.
―존 맥스웰

 생각은 모든 것을 바꾼다

위 빈칸에 공통적으로 들어갈 단어는 바로 '생각'이야.
생각하는 대로 실현된다는 '끌어당김의 법칙'과 관련된 명언들이지. 생각은 정말 모든 것을 바꿀 만한 큰 힘을 가지나 봐.

5장

진심을 전달하는 설득 시크릿

22 7:3의 법칙

내 이야기를 하려면 상대의 말에 먼저 귀 기울이라고요?

🧑‍🦱 심박사님! 제 소원은 친구들과 잘 지내는 거예요. 무엇보다 친구들이 제 이야기를 잘 들어 주었으면 좋겠어요. 친구들은 잘 웃고 떠들다가도 제가 이야기만 시작하면 하나둘씩 사라지거든요. 그럴 때는 정말 제 자신이 너무나도 작은 먼지처럼 느껴져요. 어떻게 하면 좋을까요? 답을 좀 알려 주세요.

👨 허허, 그 마음 알 것 같다. 사실 이건 비밀인데, 나도 도연이와 비슷한 경험을 한 적이 있지. 친구들 앞에서 자신 있게 이야기하고, 친구들은 모두 내 이야기에 귀 기울여 주고……. 그럼 나는 더 신이 나서 이야기하는 장면을 꿈꾸었어. 그런데 친구들에게 가서 이야기를 시작하면 모여 있던 친구들이 뿔뿔이 흩어지곤 했지. 그럴 때마다 내 마음은

찢어질 것 같았단다.

　이 문제를 풀기 위해 내가 했던 것은 바로, 솔직히 물어보는 거였어.
　"내가 이야기를 할 때 왜 듣지 않는 거야?"
　가장 친한 친구에게 물었더니 이렇게 얘기하지 뭐야.
　"너는 너무 너 혼자만 말을 많이 해. 혼자서만 계속 이야기하면 듣기 힘들어. 재미도 없고, 내가 말을 하고 싶어도 못하니까."
　사실 나도 그랬어. 상대방이 혼자서만 계속 이야기하면 듣기가 싫었지. 특히 엄마의 잔소리가 길어질 때마다 듣기 싫은 마음에 속으로 노래를 부르곤 했어. 언젠가는 긴장을 놓치는 바람에 노래 소리가 밖으로 새어나와 아주 크게 혼나기도 했단다.
　다른 친구들 대답도 모두 비슷했지. 이렇게 나랑 이야기하기 싫은 이유에 대해서 친구들과 이야기를 나누며 깨닫게 된 사실이 있어. 누구나 하고 싶은 말이 있다는 것과 내가 말하는 것만큼 남의 이야기를 듣는 것도 재미있다는 사실을 말이야.
　그 전에는 내 이야기만 하려고 했지, 다른 사람 이야기는 잘 들으려고 하지 않았거든. 그런데 다른 사람 이야기를 곰곰이 듣다 보니, 내가 무슨 이야기를 해야 할지도 정리가 되지 뭐야. 이야기를 듣는 도중에 질문을 하면 상대방은 자신의 이야기를 잘 들어 주는 것을 알고는 더욱 신나서 말을 이어나갔지. 그 후에 내 이야기를 꺼내니 그 전과는 다르게 자신의 이야기처럼 들어 주더라고, 거참.
　다른 사람이 내 이야기를 잘 들어 주길 원한다고? 그렇다면 먼저 상대방의 이야기를 들어 주면 돼. 상대방의 이야기는 어떻게 듣냐고? 간단하단다. 내가 먼저 물어보면 상대방이 자신의 이야기를 꺼낼 거야.

설득 시크릿 7:3의 법칙

이야기만 쭉 들어주면 나는 언제 이야기하냐고? 상대방의 말을 끝까지 듣고만 있으라는 건 아니야. 이야기를 들으면서 자신이 어떤 이야기를 할지 상대방의 이야기에 따라 정리를 해 보는 거지. 그리고 적절한 순간에 나의 이야기를 꺼내면 돼. 그런데 적절한 순간이 언제일까?

텔레비전 프로그램에서 사람들을 모아 놓고 실험을 한 적이 있었어. 특정한 상황을 주고 상대방을 설득하라는 미션이 주어졌지. 다들 열심히 상대방을 설득했는데 오직 한 사람만 성공할 수 있었어. 그 사람의 성공 비결은 바로 상대방의 이야기를 7번 들은 만큼 3번 이야기한 것이었지. 바로 이것을 '7대 3의 법칙'이라고 해. 이 법칙을 기억하면 내 이야기를 꺼낼 적절한 순간을 알 수 있을 거야.

일본에서 경영의 신으로 불리는 유명한 사업가 마쓰시다 고노스케도 평상시 늘 이런 이야기를 했어.

"경청은 7, 발언은 3."

10분 간 이야기를 할 때 상대방이 이야기를 꺼낸 시간이 7분이라면 나는 3분 정도한다면 좋겠지? 그렇다고 시간을 재가면서 대화를 나누다 보면 정말 중요한 것을 놓치게 될 지도 몰라. 중요한 것은 상대방의 이야기를 집중해서 듣는 거지. 상대방의 이야기를 충분히 귀 기울여 들을 때 상대방은 진심이 통한다고 느끼고, 그 때 내 이야기도 진심으로 들어 주기 마련이거든.

23 타이밍의 법칙

설득하기 좋은 타이밍을 어떻게 알 수 있나요?

안녕하세요, 심박사님? 전 오늘도 별로 안녕하지 못해요. 엄마가 내 이야기를 안 들어 주려 하거든요. 엄마는 제게 항상 이렇게 말해요. 학교 다녀와서 이야기하려고 하면 "이따가, 엄마 저녁 준비해야 해." 저녁 먹고 말을 걸면 "잠깐만, 엄마 지금 설거지하잖아." 저녁 먹고 숙제하다가 이야기하려면 "도연아, 숙제부터 하고."

이렇게 도무지 말할 기회를 안 주는 거예요. 혹시 우리 엄마가 날 싫어하는 건 아닐까요? 어떻게 하면 엄마와 이야기를 나눌 수 있을까요?

이런, 이런. 마음이 많이 답답하겠구나. 엄마가 이런 식으로 계속 이야기를 안 들어 준다면 나라도 섭섭할 것 같은데. 그런데 도연이의 이야기를 가만히 듣다 보니 한 가지 짚이는 부분이 있어. 도연이가 말을 걸 때마다 엄마는 무엇인가 하고 계시지 않았니? 저녁을 준비하신다거나, 설거지를 하신다거나 말이야. 그것도 아니면 도연이에게 숙제가 남아 있었지.

도연이가 지금 책 읽기에 빠져 있는 중이라고 생각해 보자. 그런데 누가 와서 말을 거는 거야. 과연 그 이야기를 흔쾌히 들어 주고 싶은 생각이 들까? 책을 덮고 얼굴 마주 보며 이야기하고 싶은 생각이 들까? 재미있는 게임을 하던 도중이라고 하면 더욱 그럴 거야. 대부분의 경우에는 하던 일을 마무리 짓고 이야기를 시작하려고 한단다.

엄마도 마찬가지 아닐까? 어떤 일을 하는 중이었다면 하던 일을 먼저 끝내고 싶은 맘이 컸을 거야. 그런데 엄마는 항상 뭔가를 하고 있다고? 그건 도연이의 엄마가 늘 이런저런 집안일로 바쁘기 때문이란다. 그러니 말을 붙일 타이밍을 찾는 것도 쉽지 않을 거야. 중요한 건 바로 이 타이밍을 찾는 거지.

누군가와 함께 이야기를 나누고 싶다면, 그 사람이 내 이야기를 들어 줄 수 있는 타이밍을 먼저 찾아야 해. 타이밍을 어떻게 찾냐고? 그 비결은 바로 관찰에 있단다.

엄마가 잠시 일을 마치고 쉬는 시간이라든가, 아니면 식탁에 앉아 콩나물을 다듬으실 때도 괜찮을 것 같구나. 그때 엄마 앞에 슬쩍 앉아 콩나물 몇 개를 집어 들면서 이렇게 말하는 거지.

"엄마, 제가 도와드릴까요?"

엄마가 활짝 웃으며 고개를 끄덕이면, 그때 말을 꺼내는 거야.

"엄마, 할 이야기가 있는데 들어 주실 수 있어요?"

그래, 적절한 타이밍을 찾았다면 그 다음 해야 할 일은 이야기를 꺼내도 될지 먼저 물어보는 거야. 이렇게 상대의 의사를 먼저 묻고 "그래"라는 대답을 들은 다음 이야기를 시작한다면, 무작정 자기 이야기를 늘어놓을 때보다 훨씬 대화가 부드럽고, 진지하게 이루어질 수 있거든. 상대를 설득해야 하는 상황이라면 대화의 타이밍이 더욱 중요하겠지?

설득 시크릿 **타이밍의 법칙**

"하늘 아래 모든 일에는 정해진 때가 있고, 시기가 있는 법이다."

성경에 나오는 구절이야. '타이밍의 법칙'은 바로 모든 일에는 시기가 있다는 뜻이지. 그런데 타이밍은 가만히 있는 사람에게 찾아오는 것이 아니야. 준비를 하는 사람만이 그 타이밍을 찾고, 잘 활용할 수 있어.

우리나라의 가장 큰 기업 가운데 하나인 현대를 만든 고 정주영 회장은 적절한 타이밍을 놓치지 않은 덕에 큰 사업을 성사시켰단다.

정주영은 1971년 울산에 조선소를 짓기 위해 사업 계획서와 백사장 사진 한 장을 들고 영국으로 갔단다. 바로 돈을 빌리기 위해서였지. 영국의 한 은행을 설득하여 겨우 돈을 빌린 후, 다음으로는 배를 주문하려고 하는 그리스 사람을 만났어. 그런데 그 자리에서 그리스 사람이 이렇게 말하는 거야.

"우리는 배를 만든 지 200년은 된 곳에 일을 맡깁니다."

이때 정주영은 지갑 속에서 거북선이 그려진 우리나라 돈을 꺼내 그리스 사람 앞에 내놓았어.

"우리는 배를 만든 지 500년이 넘은 나라입니다."

자신에게 찾아온 타이밍을 놓치지 않고 기회를 잡은 정주영은 결국 조선소 사업을 시작할 수 있었다고 해.

24 대화 속 감정 조절

나와 다른 의견을 받아들이려면 어떻게 해야 하나요?

 박사님은 등산 좋아하세요? 전 딱 질색이에요.

지난 번 학교에서 등산을 갔을 때, 산에 올라가는 내내 투덜거렸더니 선생님께서 오늘 그 이야기를 꺼내면서 찬반 토론을 해 보자고 하셨어요. 제가 제일 많이 투덜거렸다는 이유로 '산의 정상까지 가지 않아도 된다' 팀의 대표가 되었어요. 전 제 생각을 열심히 이야기했는데 반대편 아이가 제 생각에 조목조목 반대를 하더라고요. 그 소리를 듣고 있는데 막 화가 났어요. 나중에는 소리를 빽 질러 버리고 싶을 지경이었어요. 제가 이상한 건가요, 박사님? 제 말에 반대하는 사람 이야기를 들으면 왜 이렇게 화가 나는 걸까요?

맞아, 이렇게 찬성과 반대로 나뉘어 토론을 하다 보면 얼굴이 벌겋게 달아오를 때가 있단다. 토론할 때뿐만 아니라 평상시에 대화를 하다가도 종종 그렇지. 결국 싸우거나 혼자 삐치거나 할 때가 있지? 아까 민우가 엄마와 이야기하다가 화가 난 것처럼 말이야.

아마 민우는 민우의 의견에 반대하는 사람들의 이야기를 듣고 있다 보면 슬쩍 이런 생각을 하는 게 아닐까?

"저 사람이 나를 싫어해서 일부러 트집 잡는 것 아냐?"

처음에 이런 생각을 하다가 곧이어 다른 생각으로 이어질 거야.

"맞아. 쟤는 다른 때도 그랬어. 내가 무슨 말만 하면 늘 반대를 했던 것 같아."

그러면서 점점 기분이 나빠졌겠지? 사실 토론을 할 때 상대방의 이야기를 들으면서 기분이 나빠지는 건 이런 생각을 했을 경우가 많아. 하지만 민우의 생각이 정말 맞을까? 심지어 처음 만난 사람이 내 이야기에 반대해도 버럭 화가 날 텐데 말이지. 그 사람이 나를 싫어하거나 무시할 이유, 경험이 없는데도.

박사님의 의견으로는, 민우의 마음속에는 다른 사람들이 내 이야기에 편들어 주고 나를 좋아해 줬으면 하는 바람이 있는 것 같구나. 하지만 아무리 내가 좋아하는 사람이라고 해도, 무조건 그 사람의 생각에 찬성할 수는 없는 법이란다. 누구의 생각인지가 중요한 게 아니라 어떤 생각이 맞는 건지 곰곰이 따져 보고 판단해야 하는 거지. 아무리 싫어하는 사람의 생각이라도 그 생각만 따져 봤을 때 옳은 것이라면 찬성하는 편에 손을 들어야 하는 거거든.

세상의 수많은 사람들 생각이 다 같으면 서로 싸울 일이 있을까? 세상에 살아가는 사람들의 숫자만큼 서로 다른 생각들이 있을 거야. 내 생각도 하루에 몇 번씩 바뀌고 왔다 갔다 하는걸. 그런데 다른 사람이 내 생각에 편들지 않는다고 화를 내면 아마 평생 동안 화만 내며 살아야 할지도 몰라.

다른 사람이 나와 다른 생각을 하는 것에 화를 낼 일이 아니란다. 생각이 모두 다르니 우리는 서로의 생각 차이를 줄이고, 더 좋은 생각을 찾기 위해 함께 이야기하고, 토론하는 거야. 생각이 다 같으면 굳이 입 밖으로 생각을 말할 이유가 없겠지?

하지만 가끔은 토론을 할 때 일부러 상대방 약을 바짝 올려 화를 내게 만드는 사람들도 있어. 토론에서 이기기 위해서지. 다시 말해, 화를 내는 사람은 토론에서 지기 마련이라는 거란다. 화를 내면 생각이 논리적으로 진행이 안 되거든. 화가 나서 씩씩대다 생각이 멈춰 버리고, 말문이 막혀 버리고, 토론에서는 백발백중 질 테지.

화가 날 때는 어떤 이유로 화가 나는지 스스로 물어 보렴. 무슨 생각 때문에 이렇게 기분이 나쁜 건지 찾아 보고, 그 생각이 어떤 점에서 말이 안 되는지 스스로 찾아 봐.

토론이 이루어지는 긴급한 상황에서는 이렇게 차근히 생각하는 일이 쉽지 않을 수 있어. 그럴 때는 일단 화를 가라앉히기 위해 심호흡을 하는 게 필요해. 천천히 숨을 쉬면서 불끈 솟아오르는 내 마음 속의 화를 진정시켜야 하지. 토론하기 전에는 반드시 이걸 명심해.

화내면 지는 거다!

설득 시크릿 **대화 속 감정 조절**

대화를 하다가 '어, 이 사람이 나한테 왜 이러지?' 하는 생각이 들면서 기분이 나빠진 경험이 다들 있을 거야. 일단 한번 감정이 상하게 되면 그때부터 상대방을 공격하거나, 비난하기가 쉬워지지. 그것도 성이 안 차서 상대방을 모욕하는 말을 하게 될 수도 있어. 결국 상대방도 화가 나, 치고 박고 한바탕 싸움이 되는 경우도 많단다.

35년 동안 3천 쌍의 부부들이 대화하는 것을 연구한 데이비드 가트먼은 부부가 헤어지지 않고 사는 데 가장 중요한 것이 대화라고 했어. 대화할 때 부정적인 감정으로 치닫지 않고 상대방의 입장이나 의견을 존중하면서 대화하는 부부가 헤어지지 않고 잘 살 수 있다고 말이야. 반대로 대화할 때 공격하거나, 비난하거나 아니면 말문을 닫아 버리는 식으로 이야기하면 헤어질 확률이 훨씬 높아지지.

친구들 사이에서도 마찬가지란다. 화내지 않고 다른 사람의 입장을 생각하며, 그 의견을 존중하며 이야기를 들을 수 있다면 좋은 우정을 오랫동안 쌓아갈 수 있을 거야.

25 진심을 담은 대화

진심은
가장 훌륭한 설득의
기술이라고요?

　심박사님! 친구가 저한테 삐쳤는데 무엇 때문인지 잘 모르겠어요. 제가 잘못하긴 한 것 같은데, 물어봐도 대답은 안 해 주고 화만 내요. 미안하다고 아무리 말해도, 화를 안 풀어요. 그 친구가 이제 학교에서 제 험담을 하고 다닐 텐데…… 이유도 모르고 마냥 오해받을 수는 없는 거잖아요. 전 앞으로 어떡하죠?

　자~ 도연이의 급한 마음은 알겠는데, 일단 숨부터 좀 쉬어 보자. 마음이 급해 동동거리면 생각이 잘 안 될 때가 많단다. 이렇게 마음이 불안하고 급할 때 제일 좋은 건 심호흡을 하는 거야. 열 번 세는 동안 숨을 들이쉬고, 열 번 세는 동안 숨을 내 쉬고…… 자, 이제 좀 진정이 되었니?

지금 도연이가 무엇 때문에 이렇게 걱정을 하는지 차분하게 생각을 해 봐. 도연이는 친구가 어떤 이유로 삐친 것인지 말도 안 해 주고, 친구들에게 나쁜 이야기만 퍼뜨려 오해 받을까 봐 걱정이 되는 거겠지?

그런데 친구가 왜 화가 났는지는 정말 짐작이 안 가니? 그럼 일단 그것부터 알아야겠지? 왜 화가 났는지를 알아야 사과도 제대로 할 수 있거든. 친구가 화난 이유도 모르고 어설프게 사과했다간, 화만 더 돋울 수 있어.

사과를 하려면 무엇보다 진심을 담아야 해. 그 친구의 입장에서 생각해 보고, 친구가 화가 난 이유를 진심으로 이해해야 하지. 그렇지 않으면, 그저 위기만 대충 넘기려고 입에 바른 소리만 하게 돼 오히려 친구와 더 멀어질 수도 있어.

도연이는 친구가 자기 험담을 하고 다닐 것이 더 신경 쓰여 급한 불부터 끄고 보자 하는 심정으로 사과를 했을지도 몰라. 친구도 그런 도연이의 의도를 눈치 채고 도연이에게 실망해서 더 화가 난 건 아닐까?

그런데 친구가 내 마음이 진심인지 아닌지는 어떻게 아냐고? 네가 아무리 숨기려고 해도 알 수 있어. 대화는 입으로만 하는 게 아니라 온몸으로 하는 거거든.

나와 이야기 중인 친구가 핸드폰을 들여다보면서 입으로만 "응, 응. 그랬구나."라고 대꾸한다면 그 친구가 진심으로 나랑 대화하고 있구나 하는 생각이 들까? 이야기할 때는 말뿐만 아니라 그 사람의 눈빛, 자세, 손놀림 같은 것도 모두 말하는 사람의 마음을 전달하는 중요한 도구가 된단다. 그러니 진심이 아니라면, 어디서든 티가 나게 마련이지. 다른 곳을 쳐다보는 산만한 눈길, 핸드폰을 만지작거리는 손놀림, 혹은 꼼지락거리는 발가락 같은 곳에서 진심으로 대화하고 있지 않다는 것이 들통날 수 있어.

친구에게 정말 미안하다면, 미안한 마음을 담아 사과하면 돼. 진심이 담기지 않은 사과는 문제를 해결하기보다는 문제를 더 복잡하게 만들어. 말할 때는 친구 눈을 바라보면서 앞으로 약간 몸을 굽히고 진지한 눈빛으로 이야기를 하는 거야. 네가 진심으로 미안해한다는 것을 알게 되면 친구도 금세 화를 풀고 속마음을 얘기해 줄 거란다.

설득 시크릿 **진심을 담은 대화**

　미국 애리조나 대학교 연구팀이 대학생 80명을 대상으로 대화와 행복 지수에 대해 조사를 했어. 연구에 참여한 80명이 일상생활에서 나누는 대화를 4일 동안 녹음했지. 4일이 지난 다음, 참여한 사람들에게 물었어.
　"지금 행복하다고 느끼나요, 불행하다고 느끼나요?"
　연구팀은 행복하다고 대답한 사람들과 불행하다고 대답한 사람들이 4일간 어떤 대화를 했는지 살펴보았대. 그 결과 행복하다고 느끼는 사람이 불행하다고 느끼는 사람보다 훨씬 깊이 있고 마음을 담은 대화를 많이 나누었다고 해. 반면, 불행하다고 느낀 사람들은 형식적인 대화를 많이 했다는 연구 결과가 나왔어.
　마음을 담은 대화, 진심이 담긴 대화는 우리를 행복하게 만들어 줘. 진심이 가득 담긴 대화로 행복을 찾아 보렴.

26 이야기의 힘

이야기를 잘할 수 있는 방법이 있나요?

심박사님. 저는 친구들이나 다른 사람들과 이야기할 때 이야기를 재미있게 하는 사람이 되고 싶어요. 인기 많은 친구들이 이야기를 할 때면 이야기를 듣는 친구들의 눈동자가 반짝거릴 정도인데, 제가 이야기를 시작하면 다들 흥미를 잃는 것처럼 보여요. 어떻게 하면 이야기를 잘 할 수 있을까요?

허허, 맞단다. 이야기를 재미있게 하는 사람은 어디를 가든 늘 인기가 많지. 똑같은 이야기라도 누가 하면 아주 싱거운데 누가 하면 아주 맛깔스럽거든. 그렇게 맛깔스럽게 이야기하는 사람 주변엔 늘 사람들이 몰려드는 법이야. 그리고 늘 웃음소리가 끊이지 않지.

이야기란 참 신기해. 흔한 물건, 평범한 장소라도 재미있는 이야기가 보태지면 아주 특별한 의미를 갖게 되거든. 가끔 사람들은 무너진 절터나 돌덩이만 뒹구는 옛 유적지를 구경하기 위해 많은 돈과 시간을 투자해. 바로 그 돌에 얽힌 이야기를 더욱 감동적으로 느끼기 위해서란다.

사람들은 이야기를 듣거나, 보거나, 읽는 데 많은 시간과 돈을 사용하지. 생각해 보렴. 드라마도 이야기고, 동화와 소설도 이야기고, 영화도 모두 이야기야. 우리가 매일 보는 신문과 뉴스에도 많은 이야기들이 있지?

이야기에는 큰 힘이 있어. 수이도 영화를 보면서 눈물을 흘려 본 적이 있지? 동화책을 읽으면서 가슴이 벅차오른 적이 있을 거야. 그건 바로 이야기가 사람의 감정을 변화시키기 때문이야. 한동안 이 박사님이 즐겨 보던 드라마가 있었는데, 너무 재밌게 봐서 드라마가 끝난 다음에도 아쉬운 마음에 게시판에 들어가 보곤 했었어. 그런데 어느 날 그 게시판에 이런 글을 봤단다.

"우울증에 걸려 매일 죽을 생각만 했었습니다. 그런데 우연히 보게 된 이 드라마가 너무 재미있어 죽고만 싶었던 마음이 싹 사라졌어요. 살아서 이렇게 재미있는 드라마를 계속 보고 싶다는 생각이 저절로 듭니다."

재미있는 이야기에는 이처럼 죽고 싶었던 사람도 살리는 큰 힘이 있단다.

이야기는 우리 주변 어느 곳에나 존재해. 요즘은 물건을 만들고, 팔 때도 이야기를 이용한다지? 수능 시험 볼 때 수험생을 위한 선물로 인기 있는 '합격 사과'에도 재미난 이야기가 있다고 해. 1991년 일본의 아오모리 현이라는 곳에서 시작된 이야기지.

아오모리 현은 일본에서 사과 재배지로 유명한 곳이야. 그런데 어느 날 그곳에 엄청난 규모의 태풍이 불어닥친 거야. 태풍 때문에 대부분의 사과가 나무에서 떨어지고, 농민들은 그저 넋 놓고 슬퍼할 뿐이었지. 그런데 그때 어떤 사람이 이런 생각을 한 거야. 이렇게 강력한 태풍에도 떨어지지 않고 나뭇가지에 꼭 매달려 있는 사과들을 보면서, 이 사과들이 태풍을 견뎌냈다는 이야기는 어디든 꼭 붙고 싶은 마음이 간절한 사람에게 희망과 용기를 줄 수도 있을 것 같다고 말이지. 바로 수험생들에게 말이야. 그래서 아오모리의 다른 농민들을 설득하여 떨어지지 않고 남은 사과들을 수확하여 그 사과에 합격이라는 스티커를 붙이고, 이 이야기와 함께 사과를 팔기 시작했단다. 그러자 사과는 날개 돋친 듯 팔리기 시작했지.

자, 이야기의 힘이 이렇게 강력하다는 걸 알았으니 이제 이야기를 이용할 일만 남았지? 이야기를 잘 이용하려면 일단 많은 이야기를 아는 게 중요하단다. 그러려면 책은 물론, 영화나 드라마도 꾸준히 보아야 하지. 신문이나 뉴스에서 나오는 이야기들도 관심 있게 보고 듣는 게 좋아. 우리 주변에서 벌어지는 일, 먼 나라에서 벌어지는 일, 지금 벌어지는 일, 먼 옛날 있었던 일, 훌륭한 사람들의 이야기, 어려운 사람들의 이야기……. 세상을 향해 마음을 열고 귀를 열고 있어야 해. 이렇게 많은 이야기들을 내 이야기에 이용하려면 이것들을 잘 정리할 필요가 있겠지? 나만의 이야기 노트나 스크랩북 등을 활용하는 것도 좋단다. 이야기를 정리할 때는 그 이야기의 의미가 무엇인지, 언제 활용하면 좋을지 등 자신의 아이디어도 함께 적어두면 더 좋지. 매일매일 조금씩 채워져 가는 이런 노트 하나쯤 있으면 도연이가 언제 어디서든 대화를 주도하고, 화제를 이끄는 사람이 될 수 있을 것 같구나.

> 설득 시크릿 **이야기의 힘**

   이야기는 사람들의 감정을 자극하는 법이야. 그러니 설득을 잘하기 위해서는 논리적이고 이성적으로만 이야기하기보다는 감정을 자극하는 이야기를 함께 곁들이는 게 좋단다.

   지하철에서 구걸하는 사람들을 본 적이 있지? 떡하니 바구니만 들이미는 사람이 있고, 자신이 왜 이렇게 구걸까지 하게 되었는지를 구구절절 이야기하는 사람이 있어. 누가 더 많은 돈을 받았을까? 자신의 이야기를 들려 준 사람이지. 하지만 이 이야기가 이 사람뿐만 아니라 지하철에서 구걸하는 많은 사람들이 똑같이 하는 이야기라는 걸 알게 되면 어떨까?

   이야기는 때때로 감동을 불러일으키지만, 진심이 담긴 이야기가 아니라면 배신감, 실망, 분노를 줄 수 있으니 거짓된 이야기는 안 하느니만 못한 법이란다.

# 5장 진심을 전달하는 설득 테스트

 ### 진심으로 대화하는 경우는 어떤 걸까?

대화를 하는 여러 사람들의 모습 가운데 진심을 담아 대화하는 경우는 어떤 걸까? 왜 그렇게 생각하는지 그 이유도 함께 생각해 보렴.

1. 테이블에 마주 앉아 있는 두 사람
A: 나 어제 엄마, 아빠랑 외식했다.
B: 좋았겠네. 그런데 우리 이따가 뭐 먹으러 가지?

2. 버스에 앉아 있는 두 사람
A: 현철이가 정말 나를 좋아하는 걸까?
B: 글쎄. 그걸 나한테 왜 물어. 너무 졸립다, 휴.

3. 패스트푸드점에 있는 두 사람
A: 나 요즘 살이 찌는 게 정말 걱정이야.
B: 별걸 다 걱정하네. 너 하나도 안 뚱뚱해. 근데 이 햄버거 참 맛있다, 냠냠.

4. 벤치에 앉아 있는 두 사람
A: 요즘 엄마랑 얘기만 하면 자꾸 짜증이 나. 내가 왜 이러는지 나도 모르겠어.
B: 엄마랑 무슨 일 있었어? 이리 좀 당겨 앉아서 얼굴 좀 보면서 얘기해.

 **마주 보며 진심을 나누자!**

이야기를 제대로 듣지도 않고 대충 대답만 하는 대화는 오히려 기분을 상하게 해. 갑자기 이야기를 바꾸는 1번의 대화나, 졸려서 이야기를 듣는 둥 마는 둥 하는 2번 대화, 마지막으로 음식을 먹느라 제대로 집중하지 못한 3번의 대화까지 모두 진심을 나누는 대화라고 보긴 어려워. 4번처럼 마주 보며 가까이 앉아 나누는 대화는 서로의 진심을 잘 전달하는 경우지. 이런 대화가 많아야 행복한 삶을 살 수 있다고 하지?

 대화하기에 가장 적절한 타이밍을 찾은 사람은 누구일까?

1. 거실에서 전화 중인 아빠에게
 "아빠, 저 할 이야기 있어요."

2. 오락실에서 게임 중인 친구에게
 "나랑 얘기 좀 할래?"

3. 식탁에서 커피를 마시는 엄마에게
 "엄마, 얘기 좀 할 수 있어요?"

4. 도서관에서 책을 읽는 동생에게
 "뭐해, 잠깐 얘기 좀 할까?"

 대화의 타이밍을 찾아라!

커피를 마시는 엄마와 함께 대화를 나누는 게 가장 좋을 것 같아. 아빠는 전화 중, 친구는 오락 중, 동생은 독서 중이니 내 이야기를 듣기엔 부적절한 상황이겠지?

27 언행일치의 힘

간디처럼 말과 행동을 같게 해요

안녕하세요, 박사님. 전 요즘 엄마 말이 듣기 싫어서 고민이에요. 학교 다녀와서 잠깐 텔레비전을 보려고 켰는데, 다짜고짜 엄마가 와서는 소리를 꽥 지르는 거예요. 맨날 그렇게 늘어져서 텔레비전만 보면 어쩔 거냐고 말이에요. 좋아하는 만화 프로그램 하나만 보고 숙제하려고 했는데 기분이 다 상해서 아무것도 하기 싫어지는 것 있죠? 그래도 엄마가 무서워서 방에 들어가 숙제 하려는데, 갑자기 밖에서 텔레비전 소리가 들리는 거예요. 저한테는 크게 혼을 냈으면서 엄마는 태연하게 텔레비전을 보고 있더라고요. 책도 마찬가지예요. 엄마는 책을 한 줄도 안 읽으면서 제게만 읽으라고 강요해요. 엄마는 마음대로 다 하면서 저한테만 구박하니 이제는 엄마의 말이라면 전부 듣기 싫어요.

음, 듣고 보니 경현이는 엄마가 본인도 하지 않는 행동을 경현이에게 요구해서 기분이 나쁜 것 같구나. 사실 부모님들은 자식이 본인보다 더 잘 살았으면 하는 마음에 자신도 하지 않는 것들을 자식들에게 요구하는 경향이 있단다. 경현이의 엄마도 마찬가지일 거야. 경현이가 열심히 공부하고, 책도 많이 읽어서 더 좋은 삶을 살 수 있도록 도우려는 마음이지. 하지만 직접 솔선수범 하신다면 백 마디 말보다 더 큰 효과가 있을 거라는 사실도 아셨으면 좋겠구나. 오늘 저녁, 경현이가 엄마에게 마하트마 간디의 이야기를 들려드리는 건 어떨까?

간디는 인도에서 민족해방운동을 이끌며 인도인들의 존경을 받은 인물이야. 인도인들은 간디의 말이라면 무조건 따를 정도였다고 해.
　어느 날, 한 엄마가 아이의 손을 잡고 간디를 찾아왔어. 아이가 사탕을 너무나 좋아해 아무리 그만 먹으라고 해도 절대 손에서 사탕을 놓는 법이 없었다네? 엄마가 사탕을 그만 먹으라고 할 때마다 아이는 이렇게 말했대.
　"엄마 말은 못 믿겠어요. 혹시 간디 님의 말씀이라면 몰라도……"
　그래서 엄마는 아이를 데리고 어렵게 간디를 찾아온 거였지. 그런데 이야기를 들은 간디는 고개를 끄덕이더니 한참 동안이나 아이를 물끄러미 쳐다만 보고 있었다고 해. 그러고선 이렇게 말했지.
　"미안하지만 보름만 있다 다시 와 줄래?"
　아이의 엄마는 기가 막혔단다. 사탕 먹지 말라고 한 마디만 해 주면

될 일인데 보름이나 있다 다시 오라니 말이지. 엄마는 납득이 되지 않았지만 어쩔 수 없이 아이와 함께 다시 먼 길을 돌아 집으로 갔어. 그리고 보름 후, 엄마와 아이는 다시 간디 앞에 섰어. 간디는 아이를 보더니 단번에 말했단다.

"얘야, 사탕은 몸에 안 좋은 거란다. 이제 사탕은 그만 먹도록 해라."

간디의 말에 아이는 "네!" 대답을 하며 고개를 끄덕였어. 엄마는 드디어 원하던 바를 이뤘지만, 이 말을 듣기 위해 왜 보름이나 기다려야 했는지 간디의 속마음이 궁금했지.

"그런데 왜 지난 번 왔을 때는 사탕을 그만 먹으라는 이야기를 해 주지 않으셨나요?"

"아, 그건…… 사실 나도 그때 사탕을 즐겨 먹고 있었기 때문이에요.

내가 사탕을 먹으면서 아이한테 사탕을 그만 먹으라고 이야기할 수는 없는 노릇이잖아요? 먼저 사탕을 끊을 시간이 필요했죠. 생각해 보니 사탕을 끊는 데 보름 정도의 시간이 걸릴 것 같아서 보름 뒤에 다시 오라고 한 겁니다."

정말 대단하지 않니? 남을 설득하기 위해 나 자신까지 변화시킨 간디의 모습에 감동받아 그 어린이는 분명 사탕을 끊었을 것 같구나.
이처럼 자신이 당당하다면 다른 사람을 설득할 때도 훨씬 설득력이 있단다. 말과 행동이 일치하지 않는 사람의 이야기는 신뢰가 가지 않거든. 경현이가 텔레비전을 보지 말라고 한 엄마의 말에 전혀 그럴 마음이 안 생겼던 것처럼 말이야. 그러니 앞으로 누군가를 설득하기 위해서는 나 자신부터 바로잡아야겠지?

28 협상의 기술

서희처럼 당당하게 말해요

🧒 박사님, 제 얘기 좀 들어 보세요. 글쎄 오늘 학교 수업이 끝나고 운동장에서 축구를 하는데 웬 형들이 나타났거든요? 그런데 그 형들이 다짜고짜 축구를 해야 하니 저희 보고 비켜달라고 하는 거예요. 안 된다고 했더니 한 형이 주먹을 쥐고 때리려고 했어요. 그때 제 친구가 형들에게 대들었고, 순식간에 분위기가 험악해졌어요. 다행히 그 순간 체육 선생님께서 지나가신 덕분에 맞진 않았지만, 전 내일부터가 걱정이에요. 그 형들 때문에 앞으로 운동장에서 축구를 못하게 되면 어쩌죠? 맞지 않으려면 그냥 양보해야 하나요?

👴 지금 재연이 이야기를 들으니 갑자기 떠오르는 인물이 있어. 이렇게 이러지도 저러지도 못하는 상황에서 현명하게 상대방을 설득한 사

람이지. 바로 고려의 서희라는 인물이란다.

서기 993년, 그러니까 지금으로부터 약 1,100년 전 고려에 거란이 쳐들어와 한바탕 난리가 났었단다. 거란의 적장 소손녕은 북쪽 경계까지 쳐들어와 진을 치고 나서는 고려 임금에게 공문을 보냈어.
"만일 강변까지 나와서 항복하지 않으면 80만 군사를 몰고 쳐들어갈 것이니 임금과 신하들은 모두 나와 항복하라."
이 공문을 받은 임금과 조정의 대신들은 이러지도 저러지도 못하고 벌벌 떨기 시작했지. 그 당시 거란족은 동아시아에서 전투를 잘하기로 유명했거든. 게다가 80만 명의 대군이 쳐들어온다 하니 고려인들은 겁을 잔뜩 먹고 어찌할 바를 몰랐지. 결국 신하들은 거란이 요구하는 대로 땅을 떼어 주자고 했어. 그런데 이런 의견에 반대한 사람이 있었단다.
고려의 사신 서희는 자신의 의견을 강하게 주장했어. 이렇게 쉽게 항복한다면 그 다음에도 거란의 무리한 요구가 계속될 것이니 절대 항복하면 안 된다는 거였지. 하지만 그렇다고 거란의 강력한 대군과 싸울 수도 없는 노릇이었어. 모두들 답답해하고 있을 때, 서희가 나섰어.
"제가 직접 가서 소손녕과 협상을 해 보겠습니다."
서희는 거란의 군사들이 진을 치고 있는 곳으로 떠났어. 싸우지 않고 서로 원하는 것을 얻을 수 있다면 그거야말로 최선의 해결책이 될 거라 믿었지. 거란에나 고려에나 일단 전쟁을 벌이는 것만으로도 잃는 게 생길 테니까.

거란의 진영으로 들어간 서희는 소손녕으로부터 곧장 절을 하라는 요구를 받았단다. 하지만 서희는 절을 하지 않고 이렇게 얘기했어.

"절은 임금에게 하는 것이오. 당신이나 나나 모두 신하 입장인데 내가 어찌 절을 할 수 있겠소?"

서희의 논리적인 대답에 소손녕도 더 이상 절을 요구하지 않았다고 하네.

자존심을 굽히지 않고 협상을 시작한 서희는 거란의 옛 땅을 내놓으라는 소손녕의 말을 잠잠히 들었어. 그리고 소손녕의 말이 끝나기 무섭게 자신의 의견을 펼쳤단다.

"우리 고려는 고구려를 계승한 나라요. 옛 땅을 되찾아야 한다는 당신들의 논리에 따르면 지금 거란의 땅도 우리 차지가 돼야 하오."

적장의 말에 논리적인 근거를 갖고 대답하니 아무리 적군의 장수라도 서희의 말에 수긍할 수밖에 없었단다. 이렇게 서희는 피 한 방울 흘리지 않고 적군이 제 발로 물러나게 할 수 있었어.

어때, 대단하지? 물론 아무리 논리적인 대답을 해도 듣지 않는 사람들도 있어. 하지만 경현이도 형들에게 쉽사리 운동장을 내주기보다는 서희처럼 협상을 해보는 건 어떨까? 물론 터무니없는 이유를 들면 오히려 형들의 화를 돋울 수 있으니 대답은 그럴듯해야겠지? 어렵다면 선생님께 말씀드리고 해결책을 구하는 것도 방법일 수 있단다.

당당하지만 예의 바르게, 논리적으로 대응한다면 싸움을 피하고도 상대방을 설득할 수 있어, 서희처럼 말이야.

29 끈기의 위력

마더 테레사처럼 끊임없이 설득해요

박사님, 이번에 모처럼 만에 가족 휴가를 가게 되었어요! 부모님께서는 동생과 제가 의논해서 어디로 가면 좋을지 정해 보라고 하셨거든요. 저는 산을 좋아해요. 산에 가면 구경할 것도 많고, 계곡물도 시원하고 참 좋잖아요? 그런데 동생은 그늘도 없고 물도 짠 바다를 가자며 난리예요. 어떻게든 동생을 설득하려고 딱지도 줘 보고, 게임도 시켜 주고, 떡볶이도 사 줬는데 마음을 절대 안 바꿔요. 사실 부모님께서도 산을 더 좋아하시거든요. 고집불통 동생만 설득하면 되는데, 어떻게 해야 좋을까요?

산이냐, 바다냐……! 박사님도 아직까지 여름휴가로 항상 어딜 갈까 고민하곤 한단다. 경현이 가족들은 동생을 빼곤 모두 산을 더 좋아한다고? 그렇다면 동생을 설득하는 게 좋겠지만 동생도 보통 고집은 아닌 것 같구나, 하핫.

설득에는 여러 가지 방법이 있지만 가장 단순하면서도 강력한 방법은 뭐니 뭐니 해도 바로 끈기를 가지고 설득하는 거란다. 끈기의 힘이 얼마나 강한지 잘 알려주는 예로 마더 테레사 수녀의 일생을 들 수 있어.

가난한 사람들의 성녀로 널리 알려진 마더 테레사는 인도의 콜카타에서 가난하고 병든 사람들을 도우며 살았어. 테레사가 수녀가 되기로 결심한 것은 만 18세 때였지. 수녀가 된 후, 성 마리아 학교에서 역사와 지리를 17년 동안 가르쳤단다. 그 학교에 다니는 학생들은 대부분 평범한 집안의 아이들이었어. 테레사 수녀는 수녀원 안에서만 생활하고 일 년에 한두 번 정도만 밖에 나갈 뿐이라 수녀원 밖에서 어떤 일들이 벌어지는지 잘 알 수가 없었지. 그러던 어느 날, 다른 학교에 학생들을 가르치러 가게 될 일이 생겼고, 그때 테레사는 길 위에서 구걸하는 가난한 아이들과 병든 사람들을 보았단다.

그 모습이 잊히지 않았던지 결국 테레사는 수녀원 밖에서 가난한 사람들을 돕기로 결심했어. 하지만 테레사가 속한 수도회에서는 이를 허락하지 않았지. 테레사는 일 년 넘게 결심을 바꾸지 않았고, 결국 교황 앞으로 편지를 썼다고 해.

끈질기고 일관된 테레사의 태도에 대주교도 어쩔 수가 없었나 봐. 결국 교황청의 허가를 받은 테레사는 가난한 사람들을 돕기 시작했어. 수

많은 사람들의 반대에 부딪쳤지만 그때마다 반대하는 사람들을 설득했고, 관청과 기업, 부자들에게 기부를 요청하며 그들 또한 설득해 냈지.

테레사와 수녀들은 거리에서 죽어가는 사람들을 데려다가 돌보는 활동을 시작했고, 죽어가는 사람들이 머물 곳이 필요했단다. 테레사는 보호소를 구하기 위해 시청에 끊임없이 요청했어. 장관이었던 비드란 찬드라 로이 박사의 사무실 앞에서 꼭두새벽부터 기다려 이야기하고, 거절해도 또 찾아가 이야기하는 걸 끊임없이 반복했단다.

시청 직원도, 찬드라 로이 박사도 결국 두 손 두 발 다 들 수밖에 없었지. 그리고 마침내 힌두교 순례자 숙소로 사용하던 낡은 건물을 구할 수 있었어. 그 건물을 죽음을 앞둔 사람들의 거처로 사용할 수 있게 되었지. 그런데 다시 큰 문제가 발생한 거야. 힌두교에서 마더 테레사의 사랑의 선교회가 자신들의 순례자 숙소를 빼앗았다며 시위하기 시작했거든. 테레사와 수녀들을 향해 돌을 던지고, 죽이겠다는

협박까지 했지. 그럴 때마다 테레사는 이렇게 말했어.

"부디 나를 죽여 주세요. 나도 천국에 가 보고 싶으니까요. 그러나 내가 죽은 뒤에는 당신이 이 시설을 맡아야 합니다."

힌두교도들은 멈추지 않고 경찰서에도 압력을 넣기 시작했어. 결국 경찰서장이 시설에 찾아왔지. 조용히 아픈 사람들을 돌보던 테레사의 모습을 물끄러미 바라보던 경찰서장은 결국 힌두교도들에게 이렇게 말했다고 해.

"마더 테레사를 쫓아낼 수 있소. 다만 여러분들이 똑같은 일을 한다는 조건하에서 말이요."

이렇게 아무리 오래 걸린다 해도 테레사 수녀처럼 끈질기게 설득하면 이루어지지 않을 일이 없지 않겠어?

경현이도 동생을 끈질기게 설득하면 산으로 휴가를 갈 수도 있겠지? 동생에게 맛있는 음식도 해 주고, 좋아하는 장난감도 주고 말이야. 하지만 그 전에 하나 묻고 싶은 게 있구나.

반드시 산에 가야만 하는 걸까? 산을 좋아한다는 부모님의 생각은 경현이만의 생각일 수도 있어. 바다를 가고 싶어 하는 동생의 생각도 들어 보고, 가족들과 함께 이야기를 나누며 결정하는 게 좋을 것 같구나. 끈질긴 설득은 그 생각이 옳을 때 의미가 있으니까 말이야.

30 유머의 힘

링컨처럼
재치 있게 응수해요

심박사님, 정말 생각할수록 화가 나요. 요즘 저희 반 성진이라는 애가 저한테 무슨 미운 털이 박혔는지 보기만 하면 놀려대요. 뚱뚱하고 다리 짧고 못생겼다고요. 그 소리가 너무 듣기 싫어서 화를 내면 실실 웃으면서 농담이래요. 장난 좀 친 것 갖고 그렇게 정색을 하고 화를 내면 어쩌냐고, 뚱뚱하고 다리 짧은데다 성격까지 나쁘면 어떻게 하냐고 화를 돋우는 것 있죠? 저를 계속 놀려대는 성진이한테 대체 어떻게 대해야 하죠?

뚱뚱하고 다리 짧은 한 사람으로서 성진이라는 친구를 만나면 이 이야기를 들려주고 싶구나. 유머로 상대를 무장 해제시킨 미국의 전 대통령 링컨의 이야기란다.

링컨은 1861년부터 1865년까지 미국의 대통령이었던 사람이야. 다들 알다시피 미국의 남북전쟁에서 북부를 이끌어 승리를 하고, 흑인 노예 제도를 없앴던 사람이지. 세상을 떠난 지 150년이 다 되어 가는데도 여전히 미국에서 가장 인기 있는 전 대통령 가운데 한 분이야.

링컨에게는 스티븐 더글러스라는 라이벌 정치인이 있었어. 링컨과 더글러스는 상원의원 선거에서부터 경쟁 구도였지. 이 선거전에서 링컨이 보여준 여유와 유머는 사람들의 머릿속에 선명하게 기억되었단다.

두 사람이 서로의 정치적 입장을 공격하며 논쟁할 때였지. 더글러스가 먼저 링컨을 공격했어.

"이 사람은 법을 어기면서 상점에서 술을 팔았습니다. 법을 지키지 않는 이런 사람은 상원 의원이 될 자격이 없습니다."

이 말을 들은 링컨은 곧바로 이렇게 대답했어.

"맞습니다. 제가 운영하던 상점에서 술을 판 건 맞습니다. 그런데 제가 상점을 운영할 때 제 상점에서 술을 가장 많이 사간 사람이 바로 더글러스 후보입니다. 저는 이제 더 이상 술을 파는 상점을 운영하지 않지만 더글러스는 여전히 그 상점의 단골이라고 합니다."

연설을 듣던 사람들은 박수를 치며 웃었고 링컨을 공격하여 깎아 내리려고 했던 더글러스는 창피함에 얼굴이 붉게 달아올랐다고 해.

더글러스와 링컨이 또 다시 논쟁을 할 때였어. 더글러스가 링컨을 향해 말했지.

"링컨 후보는 두 얼굴을 가진 이중인격자입니다."

그러자 링컨은 이렇게 이야기했다고 해.

"여러분이 좀 판단을 내려 주세요. 만약에 제게 또 다른 얼굴이 있다면 이 얼굴을 하고 나왔을 거라고 생각하십니까?"

청중들은 또 다시 폭소를 터뜨렸지. 자신을 공격하는 상대를 향해 이렇게 순간적인 기지와 재치를 발휘하여 유머로 맞서는 것, 이런 게 바로 진정한 승리가 아닐까?

이렇게 유머를 좋아하는 링컨이었지만 유머를 통해 남을 조롱하거나 비난하지는 않았다고 해.

링컨의 키가 193센티미터나 되었던 반면, 더글러스는 160센티미터도 되지 않아 두 후보가 함께 연단에 서면 무척 대조적으로 보였다고 하지? 그래서 주변 사람들은 링컨과 더글러스의 키를 종종 농담의 소재로 삼았다고 해. 어느 날 링컨의 친구들이 이렇게 말했지.

"자네는 키가 크고 더글러스는 키가 작네. 자네는 사람의 키가 어느 정도면 적당하다고 생각하나?"

"사람의 키는 다리가 길고 짧음에 달려 있지."

"그렇지. 그럼 그 다리 길이가 어느 정도면 적당하다는 건가?"

"다리 길이는 땅에서부터 몸통까지 닿을 정도면 적당하다고 할 수 있지."

이 말을 들은 링컨의 친구들은 부끄러움에 할 말을 잃고 더 이상 더글러스의 키를 지적하지 않았다고 해. 비록 자신의 정치적 라이벌이지만 더글러스의 외모를 가지고 놀리려고 하는 친구들에게 오히려 유머로

되받아치며 응수한 거야.

민우도 성진이에게 링컨처럼 유머로 대응하는 건 어떨까? 성진이가 다시 민우의 다리 길이를 가지고 놀린다면 이렇게 묻는 거야.
"다리 길이가 어느 정도면 적당하다고 생각해?"
뜻밖의 질문에 머뭇거리는 사이 민우가 씩 웃으며 이렇게 말해 주는 거지.
"나는 땅에서 몸통까지 닿을 정도면 적당하다고 생각하는데."
성진이도 아마 할 말을 잃고 더 이상 민우를 놀리지 않을 거야.
유머에는 나를 공격하던 상대를 순간적으로 무장 해제시킬 수 있는 강력한 힘이 있단다. 하지만 링컨처럼 나를 공격하는 상대까지도 포용하는 유머 감각을 갖추는 건 쉽지 않아. 마음이 넓고, 긍정적인 생각을 가진 사람이라야 가능한 거지.
어때, 민우도 그렇게 멋진 사람이 되고 싶지 않니?

31 겸손의 힘

소크라테스처럼 스스로 질문하며 겸손해져요

박사님, 오늘 학교에서 토론을 했는데요. 한결이 때문에 아직까지 머리가 다 지끈거려요. 한결이는 평상시에도 무슨 이야기를 하든지 다 껴들고 아는 척을 해요. 오늘 토론할 때는 정말 말도 제대로 못 꺼내게 하더라고요. 제 말은 들어 보지도 않고 무조건 자기주장만 우기면서 말이에요. 한결이가 아는 게 많다는 건 알겠는데 너무 자기 얘기만 하니까 도저히 제 의견을 낼 수가 없어요. 결국 결론이 나지 않아 다음 주에 토론을 이어서 하기로 했거든요. 어떻게 해야 할까요?

맞아, 이렇게 잘난 척 하면서 자기주장만 하는 친구들과는 말하기가 쉽지 않지. 아는 걸 자랑하고 싶은 마음도 이해하지만 조금은 겸손해질 필요도 있는 법이야.

아는 걸 자랑하기 전에 네가 아는 게 진짜로 아는 것인지 다시 한 번 생각해 보라고 평생 입이 닳도록 이야기하고 다닌 사람이 있어. 바로 '너 자신을 알라'라는 말을 남긴 고대 그리스의 철학자 소크라테스야. 지금으로부터 2,500년 전 사람이지만 아직까지도 대표적인 철학자로 이름을 알리고 있지.

소크라테스는 사람들에게 자신은 아는 게 없는 사람이라고 늘 이야기하고 다녔다고 해. 아는 걸 자랑하는 것도 아니고, 모르는 걸 왜 굳이 자랑하고 다닐까 싶지?

소크라테스는 스스로 알지 못하는 사람이라고 말하면서 동시에 알고자 하는 사람이었어. 그렇기에 누군가 안다고 이야기할 때, 그것을 진짜로 알고 있는지 끊임없이 묻고 다녔지. 소크라테스가 이렇게 많은 사람들을 찾아다니며 묻고 다니게 된 데는 이유가 있단다.

그 옛날 그리스 사람들은 신의 예언인 신탁이라는 걸 믿었어. 미래에 어떤 일이 벌어질지 예측하거나, 나라에서 중요한 일을 결정해야 할 때마다 신전에 찾아가 신의 목소리를 전달하는 신녀에게 예언을 들었지. 그 신탁 중에는 "소크라테스가 세상에서 가장 현명한 사람이다."라는 예언이 있었어. 이 이야기를 들은 소크라테스는 깜짝 놀라며 이렇게 생각했다고 해.

'내가 세상에서 가장 현명한 사람이라니 절대 그럴 리가 없어. 분명 뭔가 잘못되었을 거야. 아는 게 많기로 소문난 사람들을 찾아다니다 보면 나보다 현명한 사람을 찾을 수 있을 거야.'

이런 생각으로 소크라테스는 현명하고 지혜롭다고 알려진 사람들을 찾아 다녔던 거야. 그래서 여러 시인과 정치가들을 만났지만 그들이 뭔가를 알고 있다는 생각은 안 들었지.

'이 사람보다야 내가 더 현명하군. 둘 다 무엇이 진리인지 알지 못하지만 이 사람은 알지도 못하면 자신이 안다고 생각하고 있어.'

제대로 알지도 못하면서 안다고 떠벌리고 다니는 것보다는, 자신이 알지 못한다는 사실을 깨닫고 배우려고 노력하는 게 백번 낫다고 생각한 거지. 그렇다면 내가 잘 알고 있는 것인지, 알지 못하는지는 어떻게 판단해야 할까?

간단해. 계속 질문을 하다 보면 알 수 있어. 질문을 여러 번 하다 보면 막히는 부분이 있을 거야. 그렇다면 그것에 대해 완벽히 아는 게 아니겠지?

그럼 한결이 문제로 다시 돌아가 볼까?

"어떻게 그걸 모를 수가 있냐? 그 정도 영어 단어는 초등학교 4학년 정도면 누구나 알고 있어야 해."

한결이가 이렇게 아는 체를 하면 질문을 시작해 보는 거지.

"왜 그렇게 생각하는데?"

"그거야, 당연하지. 학교에서 배우기도 하고, 학원에서 배우기도 하니까."

"그러면 넌 4학년 교과서에 나오는 내용을 모두 다 알겠네?"

"그, 그건……"

한결이도 이제 자신의 말에 어떤 문제점이 있는지 깨달을 수 있겠지?

에필로그

똑똑똑 마음 연구소의 201,124번째 방문자 친구!

자, 아직도 설득에 대한 궁금증이 남았니? 친구들의 다양한 이야기를 들으며 어느 정도는 궁금증이 해소되었겠지? 그동안 설득의 비법을 하나하나 익히며 테스트를 통과한 친구에게 온 마음을 다한 응원과 축하의 박수를 보낸다.

하지만 이제부터 네게 남은 것은 지금까지 공부한 내용을 실전에 사용하는 거란다. 책에 나와 있는 친구들과 비슷한 상황이나 네가 부딪치게 되는 새로운 상황에서 자신이 어떻게 해야 할지 이 책에서 익힌 내용을 바탕으로 생각해 보고, 최선의 방안을 찾은 다음 행동하는 거지. 이렇게 하나하나 실생활에 적용해 보는 과정으로 이 공부가 실제로 완성되는 거란다.

사람의 마음이란 항상 수학 공식처럼 딱 맞게 떨어지는 게 아니거든. 그럴 땐 왜 이런 일이 벌어졌을까 곰곰이 생각해 보는 것이 필요해. 그리고 또 비슷한 일이 생겼을 때는 어떻게 하면 좋을지 예상해 보는 거야. 이렇게 배우고, 써먹고, 다시 생각해 보고 하는 과정을 되풀이하다 보면 어느새 나만의 설득 노하우를 가진 설득의 달인이 되어 있을 거란다.
그렇다면 똑똑똑 마음 연구소의 연구원으로 받아줄 테니 나를 다시 찾아오려무나, 허허!

심박사

초등학생이 꼭 알아야 할 모든 교양
설득

글 | 김주희
그림 | 이채원
1판 1쇄 발행 | 2013년 12월 26일
1판 2쇄 발행 | 2014년 5월 28일

펴낸이 | 김영곤
에듀키즈콘텐츠개발실장 | 신정숙
기획편집 | 이명선 김경애
마케팅본부장 | 서재필 **아동마케팅** | 변유경
영업본부장 | 이희영 **아동영업** | 장명우 유선화
디자인 | 권민지

펴낸곳 | (주)북이십일 을파소
주소 | 경기도 파주시 회동길 201 (413-120)
전화 | 031-955-2100(대표), 031-955-2178(기획편집)
팩스 | 031-955-2177
E-mail | eulpaso@eulpaso.com
홈페이지 | www.book21.com
출판등록 | 2000년 5월 6일 제10-1965호

ISBN 978-89-509-5328-7 73100
ⓒ 김주희, 2013

*잘못 만들어진 책은 구입하신 서점에서 교환해 드립니다.
*이 책 내용의 일부 또는 전부를 재사용하려면 반드시 (주)북이십일의 동의를 얻어야 합니다.